孔孟之道判釋

本著獲得中華民國僑聯總會
九十八年度學術論著佳作獎第三名

目　錄

附　錄

緒言

孔子「郁郁乎文哉，吾從周」[1]距今已兩千多年了，其一部《春秋》史，也不過是「述而不作」，然其留下的歷史文化遺產，竟讓華夏民族傳承至今，成了一個民族國家的文化標籤。孔夫子儼然成了中國傳統文化的代名詞。然而，自西漢董仲舒提出「罷黜百家，獨尊儒術」後，儒學成為各朝代的顯學。於是乎，各種解釋儒學的文章、書籍紛紛出籠。有「我注《六經》，《六經》注我」的；有講「仁義」之道，「仁禮」之道的；有稱為「君子之學」，「成德之學」的；有說「人道」，有說「天道」的；或說「仁義禮智信」，或是「孝悌廉恥忠」的。這個儒家學說，可說汗牛充棟，五花八門，莫衷一是。當年孔子創立他的學說，似乎沒有那麼復雜：「吾道一以貫之」，說「仁」，克己復禮而已。

孔子編纂《春秋》史，對魯國幾百年來的興衰做一個史實的紀錄，其並沒有加上個人的看法或論說。其周遊列國的政治主張及其棄政從教的言論，零碎散落在《論語》一書裡。《春秋》不過千把字，《論語》孔子的話也不過萬把字，加起來也不過萬多字而已。何以一個人說出的一萬多字，竟讓華夏子孫幾千年來樂此不疲，研究又研究，琢磨又琢磨，產生出龐大的學問來？不管你是支持還是反對儒學的中國人，都得承認這個孔夫子對中國文化的深遠影響。真是千古一聖夫子哉！可以說，沒有一個人能像孔子這樣享受此一殊榮。

---

[1]　《論語》，藍天出版社，2006 年 8 月第一版，第 47 頁。

1

我們既然無法逃離這個儒文化圈，何不對其進行檢討和批判、反省其自身？到底當今提倡的「儒學」、「國學」有多少價值和意義？

自孔夫子創立其「仁禮」學說以來，其學術路向至少有兩次大的變更：孔子講「克己復禮為仁」被孟子提倡為「仁義道德」。「禮」在孟子那裡被淡化了，他以義理來實踐孔子的仁，只把禮作為門坎邁過就以義來主導行動路線。也就是說，他繼承孔子孫子思《中庸》那一套「心性」學說。這是第一次路向變更。到了漢武帝時期，董仲舒提出「罷黜百家，獨尊儒術」後，孔子的學說就立為儒學的正宗了，而且還將孔子以前的經典據為儒家所有，所謂的「四書六經」。《詩》、《書》、《禮》、《樂》、《藝》、《易經》等都是儒家的經典。最明顯的是《易經》，被儒家視為「首經」。這第二次變更就大了，由孔孟之道變成儒術，其內容就不單是孔子和孟子的學說，還包括以前「三皇五帝」的學說。太史公說「夫儒者以六藝為法，六藝經傳千萬數，累世不能通其學，當年不能究其禮。」[2]如此我們來審視儒學，就有些繁雜廣博了。到了宋明的「理學」，將人道與天道相連接進行論述。其以《易經》、《論語》、《大學》、《中庸》、《孟子》五書作為理論基礎，對孔子的「仁學」進行系統的改造，基本上完成了儒學的形而上學道德觀。儒成為教，已無可解擊。到了清代，也只有經之考證學而已。梁任公說，凡「時代」非皆有「思潮」，有思潮之時代必文化昂進之時代也，其在我國自秦以後，確能成為時代思潮者，則漢之經學，隋唐之佛學，宋及明之理學，清之考證學。四者而已。」[3]而民國出現過

---

2 司馬遷：《史記》，中華書局出版，2005 年 3 月第一版，第 2487 頁。
3 梁啟超：《中國近三百年學術史》，北京市中國書店出版社，1985 年 3 月第一版，第 11 頁。

一陣的新儒學，不久則被共產馬列主義所淹沒。此應該是有思而無潮，見不到我國文化昂進之時代。

到了今天的中國，突然半路殺出個程咬金，提倡所謂的「國學」。這個「國學」是什麼東西？國家之學？中國之學？中華傳統文化？不甚了了。以當今「鬧孔、尊孔、拜孔」為能事來看，儒學為主流是不會錯的。然，這比民國初年袁世凱大鬧尊孔風潮更複雜。袁氏就孔子而尊孔，而今的「國學」，其範疇更大，「儒、道、釋」以及「墨、法、名家」都可以納入國學的範圍。而當今的「馬克思主義」為當朝執政的理論基礎，是否亦屬「國學」？這個「國學」的概念之模糊與不清，可見一斑。

我們從歷代皇朝解釋、應用儒學可以看出，當初孔子創立其學說是極其單純的，他「述而不作」，只不過把周王朝的典禮制度記錄下來而已。後經子思、孟子發揚，成為「仁義道德」的「孔孟之道」；再後一點，就變成五花八門的「儒學」了；如今又成為「國學」的熱門。這可就熱鬧了：他們對儒學進行量身打造，「取其精華；去其糟粕」，隨心所欲地為我所用。據我的觀察，目前有如下現象：

一是一些反孔人士，胡亂拿出孔子的一兩句話，大批特批一番（其實那套東西也只不過是「五四」以來的陳詞濫調），以為這樣就超過孔聖人了。當今中國人在一股狂躁熱的鼓動下，想做思想家的人太多。你也不想一想，歷代以來的那些「鴻儒俊杰」是吃乾飯的嗎？你還沒有駁倒這些士大夫和那些智者，就想超過孔聖人，不是有些妄自菲薄嗎？這類人自以為聰明超過古人，不把古人放在眼裡，我敢說他們根本無法進入古人的學術氛圍中去。這種輕佻侮慢的流水帳，能在孔門面前拿出什麼東西來就可想而知了，除了謾罵還是謾罵，根本無學術可言。

　　二是一些想像力非常豐富的學者，他們完全拋開傳統的章句注釋學和訓詁學的方法，異想天開地做另一種詮釋。這一派有疑古派的遺風，不能說其考究一無是處，但總的來說已把古典搞得面目全非，無可依據了。這類標新立異之人，也是狂躁熱潮流的漂浮者，以奇技異巧來博取讀者的喝采。這類學術在大陸特別興行，新觀點、新思維特別多。讓人讀了眼花繚亂，莫衷一是。

　　三是儒家的鐵哥兒們派，對孔孟特別忠誠，崇拜得五體投地。孔孟的話句句是真理，「天不生仲尼，萬古長如夜」。這一派基本上沿著歷代儒家的路子走來，亦步亦趨，對儒學下了不少功夫。其對儒的正面優點，發揮得很不錯。但由於其信仰度太深，一葉障目，竟然看不到儒學的一點缺失。

　　本人，老莊道學之人也。因緣匯聚，要作老莊道無哲學的研究。因魏晉及宋明時期儒者多講天道，貧道也想看看此道與老莊之道有何不同，探個究竟。不慎就掉入孔孟之道的書齋裡，找來「四書五經」讀一讀。不想這一讀，倒讀出些味道來：孔孟之道，有很多東西真的值得挖掘，於是就萌生要寫一寫孔孟之道的想法來。此判釋，只是隨意而作，說出本人對孔孟之道的領悟。並無嚴謹的學術套數，也無科學實證的態度，只能說是本人的一點讀書心得。貧道不才，不敢造次，對孔孟之道不敢說有深刻的認識，也沒有淵博的學識。但貧道是個坐忘之人，沒有反孔派的憤世疾欲，非要打倒孔家店的架勢；也沒有尊孔派的敬仰崇拜力量，非要立起一個偶像；更沒有投機取巧派成名成家的利欲心，要做一個嘩眾取寵的思想家。我對孔孟之道的看法，是在老子「玄覽」的超然境界上，試圖靠近古人，閱讀古人，把他們作為一個可歌可敬的智者進行論述，盡可能地還原他們的學術要旨，還他們的一點真面目。當然，斯人已逝，孔孟離我們的時代也久遠了，有誰能真正擔保說掌握了他們的學問？而且儒學是歷朝歷代的顯學，有

關孔孟的學問汗牛充棟，很多學問都被人做出來了。我又能從這老生常談中拿出什麼新東西？這也是鄙人誠恐誠惶、不敢多作造次的原因。故鄙人不敢以「論國學」、「論儒學」等來做大學問，而以「孔孟之道判釋」來觀解，也可算作有點自知之明吧？中國國內某些反孔健將如黎鳴等，自吹他是青年學子的新台階，專以「邏輯學、科學方法論」來嚇人。他說出一大堆邏輯：什麼形式邏輯、先驗邏輯、信息邏輯等等，說中國人因為信這個沒有邏輯學的孔丘幾句話，全都變得愚蠢了。把孔子和《易經》罵得一文不值，說全是垃圾。看來全中國就他一個人聰明，好像是因為他懂得邏輯學？乖乖，有邏輯就「大甩」了？沒有邏輯學就是蠢蛋？對此，我則是敬謝不敏的。他們如此數典忘祖，崇洋媚外，恰恰把中國古典不講邏輯學的特殊學問忽視了。不過在這裡我也很樂意地告訴這些人士，正因為他們用邏輯、科學實證的方法去審視古人的東西，特別是中國古人的東西，才造成他們與古人的割裂，不懂得古人何之所言。用哲學家熊十力先生的話說，這些人只懂得用「量智」，而不懂得用「性智」。用「量智」，整部《論語》、《易經》就是亂七八糟、毫無邏輯性的一堆廢話；而你用「性智」，則你就能讀出許多與你心心相照應的東西了。黎鳴等雖然懂得一點邏輯學，但他們是不懂得什麼叫「性智」邏輯學的。貧道最厭惡的就是用辨證術做學問。說不出自己的東西，沒有自己的東西，模棱兩可，這看似道貌岸然，實則是孔子說的「鄉願」而已。

天下文化

想當年，那個將華夏文明定於一尊的孔老夫子，說仁、說克己、說復禮，還有禮義廉恥、誠心及天下都說了，就是沒有說愛國主義，一點都不給我們現代中國人留面子，還告戒我們什麼「危邦不入，亂邦不居」[1]，他居然還做魯國的「漢奸」，明明他是魯國人，既不愛國，跑到其他國家去說三道四，提倡什麼「克己復禮為仁」，搞出個天下文化來。這不是明擺著與我們現代愛國憤青過不去嘛？你是哪家子「聖人」？根本就沒有先見之明，早年你若發表一、二篇愛國主義文章，就不會浪得虛名了，包你現在火紅得不得了。文革時批你孔夫子是復辟狂是開歷史倒車的反革命分子也怪不得我們了，你太不懂得愛國了嘛。孔夫子何之不幸？他生不逢時，或說腦袋太過於僵化，為什麼偏偏不談愛國？太不懂得與時俱進了。那些後來的所謂鴻儒俊傑，包括那些曾子、子思、孟子、荀子什麼的，大談什麼天下文化，就是不把愛國主義放在眼裡，宋朝還有個范仲淹，提出什麼「先天下之憂而憂，後天下之樂而樂」（范仲淹岳陽樓記），一副杞人憂天的樣子，真是氣煞我了。你就不能談談愛我中國什麼的，給我們後代留下點愛國主義遺產？其實，儒家文化是把「天下」放在首位的。《孟子》一書有說「居天下之廣居，立天下之正位，行天下之大道。」[2]又說「人有恆言，皆曰：天下、國、

---

1 《論語》，藍天出版社，2006 年 8 月第一版，163 頁。
2 孟子：《孟子》，台灣智揚出版社，民國 83 年版，149 頁。

家。天下之本在國，國之本在家，家之本在身，君子之守其身而天下平。」[3]《大學》一書亦言「修身、齊家、治國、平天下。」「平天下」是儒家君子的最高理想：「是故君子動而世為天下道，行而世為天下法，言而世為天下則，遠之則有望，近之則不厭。」[4]孔子雖為魯國人，但其不僅不講如何愛魯國、愛鄉愛黨，還對此持批判的態度，他告戒人們亂邦不入，危邦不居，不要為無道的國君做事，要退隱其身；對鄉願，訴之為德之賊；對結黨的人訴之為小人。從儒家的創始人孔子的言行我們可以看出，愛國主義、民族主義決不是儒家文化。

那麼，儒家文化是怎麼來的呢？儒家文化傳承幾千年，其是有一套系統的理論運作的。孔子是儒家文化的創始人，而孔子說他「述而不作，信而好古，竊比於我老彭」。[5]又說「周監於二代，郁郁乎文哉，吾從周。」[6]這個儒家文化可以肯定是從周文王創立的禮教文化而來。孔子繼承、發揚光大了周朝時代的文化遺產。我們要了解儒文化，當然得先認識周文化，而認識周時期的文化，得從《周易》入手。《周易》據說是周文王所作，表面上看它是一本算卜的書，但其〈系辭傳〉（據說為孔子所作）既是講人生對宇宙世界最一般的看法，也就是我們講的人生哲學觀。儒家是如何看待這個宇宙世界的呢？以我的理解，儒家文化講最根本的東西就是「天道」。《周易·系辭傳》認為整個宇宙世界有一個天道存在，我們人類的生存，必須遵循天道而生活，「順之者昌，逆之者亡」，人是不能違背天道而行的。〈系辭傳〉認為，宇宙世界的形成從「乾元」開始（「大始乾元」），然後有「坤」，乾代表天，坤代表地，形成一陰一

3　孟子：《孟子》，台灣智揚出版社，民國 83 年版，第 181 頁。
4　《大學、中庸》，華語教學出版社，1966 年第一版，第 91 頁。
5　《論語》，藍天出版社，2006 年 8 月第一版，第 124 頁。
6　《論語》，藍天出版社，2006 年 8 月第一版，第 47 頁。

陽（兩儀），陰陽剛柔互相摩擦，生出四象（四時：春、夏、秋、冬），然後形成八卦相盪，有風雨雷電交加，日月運行五行（金、木、土、水、火）互，克運轉，然後生出我們人類男女及萬物，這個世界就這樣形成了。故〈繫辭傳〉開章就說：「天尊地俾，乾坤定矣。俾高以陳，貴賤位矣。動靜有常，剛柔斷矣。方以類聚，物以群分，吉凶生矣。在天成象，在地成形，變化見矣。」[7]《易》卜就是根據這個天道運轉的規律而給人定凶吉的。所謂的「乾坤，其《易》之蘊耶？乾坤成列，而《易》立乎其中矣。乾坤毀，則無以見《易》。《易》道不可見，則乾坤或幾乎息矣。」[8]故說儒家文化非常注重這個「天道」（一陰一陽謂之道），可以說這個「天道」是我們人類世界來源的根本，沒有它，就沒有我們人類世界的一切。孔子說仁，孟子說君子深造之學問，以及《中庸》講「率性之謂道」，說「誠」，又定出「親親殺」、「尊尊等」的人倫關係，都是根據《易》的天道而來。故後人說《易經》為儒家的群經之首是有道理的。所以儒家是講「敬天、畏天」的天道文化。「天視自我民視，天聽自我民聽」（《尚書・泰誓》），人在做，天在看，中國民間說的「舉頭三尺有神靈」是也。

我們再來看《易》經的算卦，是有它的道理在的：其以「陰陽」作卦，陰爻代表符號為「－－」，陽爻代表符號為「－」，經三易為一爻，而要有六爻才成一卦。為什麼是六爻而不是七爻或八爻九爻什麼的呢？《易・繫辭傳下》有曰：「《易》之為書也，廣大悉備，有天道焉，有人道焉，有地道焉，傆三材而兩之，故六。六者非它也，三材之道也。」[9]又曰：「昔者聖人之作《易》也，將以順性命之理，是以立天之道曰陰與陽，立地之道曰柔與剛，立人之道曰仁

---

[7]　《周易正宗》，華夏出版社，2004 年 1 月第一版，第 601 頁。

[8]　《周易正宗》，華夏出版社，2004 年 1 月第一版，第 641 頁。

[9]　《周易正宗》，華夏出版社，2004 年 1 月第一版，第 672 頁。

與義。兼三材而兩之，故《易》六畫而成卦。分陰分陽，迭用柔剛，故《易》六位而成章。」[10]

很明顯，《易》的卦，其最終目的，還是落實到人的身上，即人如何在天地之間生存？雖然《易》說沒有乾坤，道就不可見，但沒有人，這個道也就無從實行。《易》道是由乾坤構成的，但沒有人道來實行，其道也無法展現，顯現其意義和價值。只有取「三材之道」：「天、地、人」六爻構成一卦，才能顯現《易》的道理。我們縱觀《易》所說的那些道理，無非是說人如何在這個大千世界下生活：即如何安身立命，保障那生存之道。宇宙神奇莫測，大自然動盪多變，人處在這天地之間，能有一個安身立命的住所嗎？能找到自己的幸福生活嗎？《周易》就是我們的古人——周文王被困在羑裡悟出來的一套天道法則，一套人生哲學觀。《易·繫辭傳上》說：「易與天地準，故能彌綸天地之道。仰以觀於天文，俯以察於地理，是故知幽明之故。原始反終，故知死生之說。精氣為物，遊魂為變，是故知鬼神之情狀。與天地相似，故不違。知周乎萬物而道濟天下，故不過。

旁行而不流，樂天知命，故不憂。安土敦乎仁，故能愛。範圍天地之化而不過，曲成萬物而不遺，通乎晝夜之道而知，故神無方而易無體。」[11]《易》，就是根據天道運行的法則以及萬物、萬事變化的跡象而演出的一套占卜方法。這套方法，其目的就是使人如何在這千變萬化的世界中安身立命的。當然，周文王這套《易》書的理論，並不是文王異想天開的產物，而是經過前人已有的經驗總結而悟覺出來的。《易·繫辭傳下》有記載說，早在遠古時代的包犧氏就作出「八卦」了。後來的神農氏、黃帝、堯、舜等都運用這

---

[10] 《周易正宗》，華夏出版社，2004 年 1 月第一版，第 680－681 頁。
[11] 《周易正宗》，華夏出版社，2004 年 1 月第一版，第 613－614 頁。

套理論來「通其變，使民不倦，神而化之，使民宜之。」（據說神農氏著有《連山》一書，黃帝著有《歸藏》一書，這兩書是《周易》成書的理論基礎）《史記》也有記載黃帝無為而治、堯帝制訂曆法，正四時的事跡，到了舜帝時代，包犧氏「兩儀生四象，四象生八卦。八卦定吉凶，吉凶生大業」（《易·系辭傳上》的「八卦」理論運用就很普遍了。《尚書》就有記載舜帝運用「五典、五禮、五服、五刑」來治天下的說法。而這個「五」字，就說明當時人們不僅認為世界是由「金、土、木、水、火」五種成份組成的，稱為「五行」；而且還把這「五行」運用到政治制度上去，制訂出「五典、五禮、五服、五刑」來管理人民。我們現在所說的「三綱五常」倫理，早在堯舜時期就有雛型了。而這個儒家的道德倫理，都有《易經》所說的哲學原理。周文王這個「易」道，可說早在遠古的包犧氏時期就有這種天道的雛型。文王根據包犧氏這個「八卦」再創「六十四卦」，而完成了《周易》一書。

文王演《周易》，從「易」而見機行事，人就可以化險為夷，化感為明，窮則思變，變則通，通則久，永保平安。而且人在這「易」道的指引下還可以出神入化，與天道相通，達至天人合一的最高境界。

《周易》所說的一套天道運行法則，是儒家文化的根據。可以說，沒有《易》，就沒有儒文化。儒家講「親親殺」、「尊尊等」以及所謂的「仁、義、禮、智、信」等，都是根據《易》道的哲學觀而來。儒家說的「親親殺」，因為有陰陽兩道（造端夫婦），才會有我們人類繁殖的發展，父母是生育你的陰陽之道，你與他們是最親的。這個「親親之義」不講，行嗎？所以儒家要強調「親親殺」。又如《易》講天尊地俾，天道是有級別的，所以我們人就要講「君君、臣臣、父父、子子」的「尊尊等」關係。不是我們人硬要如此做，而是天道就是如此運行的。子曰：「《易》其至矣乎？夫《易》，

聖人所以崇德而廣業也。知崇禮俾，崇效天，俾法地。天地定位，而《易》行其中矣。成性存存，道義之門。」[12]儒所講的一切，都是根據天道而來的。如果說，《易》沒有乾坤的陰陽之說，則「易」道不能成立；那麼可以說，沒有「易」道，那儒家一整套系統的形而上道德觀則不能成立。我們要瞭解儒文化，就得明瞭《周易》所說的道理。特別是《易‧系辭傳》所說的道理。太史公記說孔子晚年喜《易》，精心研讀，及後人說《易‧系辭傳》為孔子所作不是沒有根據的。起碼來說，孔子創立的學說，沒有超出《周易》所說的道理。孔子讚嘆說「郁郁乎文哉，吾從周」（上已有引文出處）是發自內心的，他對《易》書，是推崇備至的。在《論語‧述而》篇，孔子說他「加我數年，五十以學易，可以無大過矣。」[13]大有對《易》相見恨晚的感嘆。

所以，儒家的天下文化，其實質上就是天道文化。即天道下的文化。其視天下愴生萬物由天道而來，吾人對天下萬物，特別是人類要有「惻隱之心」（孟子語），即孔子講的仁禮道德，仁人之心。故孔子講「忠恕」、「己所不欲，勿施於人」、「反諸求己」、「誠」等自我修身哲學，都以「仁」為標準。儒文化最大的特點是從自我修身做起，自我修為好了，才能以己達人，以己立人。個人的道德品質修養不好，別說治國平天下，敬養父母、妻兒都有問題。故儒家講的天下文化，最終還是落實到個人身上，即從自我做起。這個自我修為，不是為人民服務，也不是為了黨的事業，而是為了自己。孔子說「古之學者為己，今之學者為人」就表明儒者是為了造就自我，是為自己而活，不是為別人而活。用現代流行的話說，儒主張的就是「潔身自愛」。孟子亦說，「君子之深造之以道，欲其自得之

12　《周易正宗》，華夏出版社，2004 年 1 月第一版，第 619 頁。
13　《論語》，藍天出版社，2006 年 8 月第一版，第 136 頁，

也。自得之，則居之安，居之安，則資之深，資之深，則取之左右逢其源，故君子欲其自得也。」[14]「自得」是儒家的內核文化。這個「自得」，以得天道成聖為儒家最高理想。

儒家文化為什麼要特別強調自我修為呢？因為你能來到這個世界，是天道下的產物——是父母陰陽之道結合所生。你要能順利成長，就得修為自己符合天道法則，別人不能代替你或說強加給你什麼，這個身心是你自己的，只能靠你自己的主動性來修為。父母是生養你的，所以父母為大，你就得孝順父母；兄弟姊妹與你同出父母這個道所生，是與你最親近的人，你就得有敬。所以儒家就講「親親殺」這個道德倫理。因為天道是一，一生二，二生三，三生萬物，（乾道為一，生兩儀，兩儀生四象，四象生八卦）天道就是這樣由上而下，一級一級地演變出我們這個世界。所以儒家就講「尊尊等」的道德倫理。「君君，臣臣，父父，子子」的等級制度就這樣建立起來了。儒家的道德倫理「三綱五常」，就是建立在《易》這個天道原理上的。《禮記・大學》裡首先講修身，次講齊家，再講治國，然後才講平天下也是根據《易》的天道的演變層次而來。一個層次一個層次地修，最後抵達天人合一的境界。

現代人，最喜歡講科學，講科學發展觀，為什麼要這樣做，不能那樣做？都要有一個理由，一個根據。儒家所講的「仁、義、禮、智、信」就是根據《易》的天道而來的；《易》，是儒家倫理道德的理論基礎，是指導原則。孔夫子他們這一套倫理道德觀，是有一套完整、系統的科學理論在裡面的，不是憑空捏造出來的，它是有根有據的。現代人受西方文化的影響，又聽了太多批判儒家禮教吃人的話，就以為孔夫子講的那一套仁義道德很虛偽，不切實際，甚至認為不科學。這種看法是很錯誤的，可以說是有失偏頗的。大凡一

---

[14] 孟子：《孟子》，台灣智揚出版社，民國 83 年版，第 216 頁。

套道德觀，都有它的周圓性、系統性、完整性，儘管人們可以從各個細節、枝葉去攻擊它，指責它的錯誤，但總的來說，他都能找出理由自圓其說。這樣的道德觀才能久經考驗，博得人們持久信賴。儒家這套天道理論，經三皇五帝實踐上下幾千年，證明它是行之有效的科學發展觀。《禮記·中庸》贊之說，「大哉！聖人之道，洋洋乎，發育萬物，俊極於天。優優大哉！禮儀三百，威儀三千，待其人而後行。故曰：「苟不至德，至道不凝焉。」「故君子尊德性而道問學，致廣大而盡精微，極高明而道中庸，溫故而知新，敦厚以崇禮。是故居上不驕，為下不倍。國有道，其言足以興；國無道其默足以容。《詩》曰：「既明且哲，以保其身」其此之謂與。」儒家這個天道文化，依其修身做人，對個人，可以將你的本能、聰明才智發展到至極；對大眾，可以利天下，使天下太平。用我們今天的話說，他既有普遍性，又有具體性；既可以強調自我個人的發展，又可以不傷害到別人，而且還可以利別人。依莊子的說法，就是可以做到「內聖外王」，這是儒學天道文化的神妙之處。德國哲學家康德（Immanuel Kant, 1724－1804）在他的《純粹理性批判》說到人的理性理念時，例舉正反兩方不同的論證，說明理念的悖論。對於有神論和無神論者的爭論是分不出勝負的，因為人的知性無法總括世界宇宙的一切，而絕對的理念，只不過是理性推理出來的結果。康德雖然承認無神論者說得並不錯，也有道理，但他認為還是有神論者好。因為若果說無神，一切都是偶然，世界是虛無，一切毫無憑托，那我們人類的一切生命價值就倒掛了。簡單舉一個例子：就我們經常講的科學來說，科學的憑據就是因果律。但這個因果律我們是無法推出最後因子的。就說我們人是如何而來的吧，按唯物主義說人是猿猴變來的，我們再追問下去，那麼猿猴是什麼變來的？物質變來的；那我們再追問，物質是由什麼變來的呢？康德認為有神論者好就是我們人類有了個憑托：說這是神創造的，那我們人的

14

知性、理性、意志自由、靈魂不死等就有所依據了。人的世界觀（實質就是宗教觀，唯物論也如是），都有追尋世界本源的問題。我們從世界各種宗教及唯物論來看康德提出的這個理性局限性問題，你就會發現儒家的天道說得是多麼微妙和高明。萬物萬事都出自天道，包括人類，但天道不是物質，避免唯物論不能回答物質是從何而來的問題；而世界的宗教，都有自己的人格神，就是說，那個神都是按照人的模式打造出來的（《聖經‧創世記》上說上帝造亞當與夏娃，是按照上帝自己的形象打造的。），這就犯了康德說的知性概念對理性概念來說過窄的問題，有形象的上帝，怎麼創造出無限的空間？「上帝能否造出一個祂搬不起的石頭？」的悖論就出現了。而儒家的天道是不會出現這個問題的，所以《易》的天道，其微妙與高明就在這裡。儒學先進梁漱溟先生說中華民族的祖先早熟，確是有洞見之明。早在幾千年前，華夏民族就發明斯道，上能使知識菁英無法窮盡斯道，下則可滋潤、澤被芸芸眾生。假如康德讀過《周易》，將他的「純粹理性理念」歸於天道，就更符合理性了。《易經》的乾卦象文說，「大哉乾元，萬物資始乃統天。雲行雨施，品物流形；大明終始，六位時成；時乘六龍以御天。乾道變化，各正性命；保合太和乃利貞；首出庶物，萬國咸寧。」[15]這個天道，它沒有宗教的人格神，也沒有無神論者的物質因，它是那樣的自然出現，而又統包一切。華夏先賢發明這個天道，確實偉大。

　　儒家自孔子以後，都是繼承這個「天道」文化傳統的。翻開歷史記載那些鴻儒俊傑，沒有那一個不談天下文化的。曾子的《大學》，以「平天下」為最高理想；子思的《中庸》之道，也以天下之正道為自居。孟子「居天下之廣居，立天下之正位，行天下之大道。得志，與民由之；不得志，獨行其道；富貴不能淫，貧賤不能

---

[15]　《周易正宗》，華夏出版社，2004 年 1 月第一版，第 53 頁。

移，威武不能屈，此之謂大丈夫」[16]的名句，已成為人中豪傑的大丈夫標準。孟子講天下文化，在《孟子·離婁下》一文說得更清楚：「孟子曰：舜生於諸馮，遷於負夏，卒於鳴條，東夷之人也；文王生於岐周，卒於畢郢，西夷之人也地之相去也，千有餘里，世之相後也，千有餘歲。得志行乎中國，若合符節，先聖後聖，其揆一也。」[17]用我們現代人的眼光來看，舜和文王，根本不是中國人，舜是東夷之人，文王是西夷之人，兩人都是少數民族出身，何以他們既被華夏民族所認同呢？就是他們實行的是天下文化，即「若合符節」的人類所共需的天道文化。可見孟子是沒有種族之分的。也是沒有地域、時間差異觀念的。比孟子稍晚的荀子更進一步，他將國與天下分開來看，把儒的天道文化解釋得更清楚了。他說「故可以有奪人國，不可以有奪人天下；可以有竊國，不可以有竊天下也。可以奪之者可以有國，而不可以有天下；竊可以得國，而不可以得天下。是何也？曰：國者，小具也，可以小人有也，可以小道得也；國者，小人可以有之，然而未必不亡也；天下，至大也，非聖人莫之能有也。」[18]儒家君子是以「得天下」為最高理念的。這個「天下」，靠智謀、靠力量是不能得到的，唯有聖人的德性才能擁有。到了宋明的理學，他們更不說什麼「治國，愛國」之類的「小道」了，他們專講天下之達道。從周敦頤、程氏兄弟到朱熹、陸象山，再到王陽明，沒有哪一個儒者不是以天道來論述他們的觀點的。他們都以明天道的方法，去闡述孔子創立的天下文化。人稱宋明的「理學」為「道學」，即他們的理論專門闡述儒家的這個「天道」。到了明末清初，儒者更能看到，國與天下完全是兩個不同的概念。顧亭林對明朝的滅亡就有自己的看法：「有亡國，有亡天下。

---

[16] 孟子：《孟子》，台灣智揚出版社，民國83年版，第149頁。
[17] 孟子：《孟子》，台灣揚智出版社，民國83年版，第207頁。
[18] 荀子：《荀子》，中國紡織出版社，2007年4月第一版，第227-228頁。

亡國與亡天下奚辯曰：易姓改號，謂之亡國；「仁義充塞而至於率獸食人人將相食」，謂之亡天下。」（《日知錄‧正始條》十卷）原來的「國」，只不過是皇帝的一家一姓的私具，滅亡了，就是「易姓改號」而已；而亡天下，就是人類沒有文明道德了，像野獸一樣互相殘殺，人食人。也就是說，亡天下，等於孔子講的仁義道德滅亡了。顧亭林還把維護國家利益者與維護天下者分開來看。他說：「保國者，其君其臣肉食者謀之，保天下者，匹夫之賤，與有責焉耳矣」（《日知錄‧正始條》十卷）另個清儒王船山，更有清醒的認識。他認為，亡天下就是亡禮教。他的思維與顧氏一個倒轉：他認為亡國是匹夫的事，而天下興亡是士大夫（知識分子）的責任。王氏直接將天下興亡的責任落實到知識分子身上，文化的傳承，知識分子責無旁代。維護禮教，有識之士任重而道遠也。

原來，儒家所念念不忘的天下文化，就是「禮教」（孔子強調「仁禮」）兩字。儒家所說的禮教，是人類所需的普世價值。並無民族、國家、地域或人種的概念。只要你是人，普天之下的人類，都可以實行這個仁義道德。

至以說到愛國主義、忠臣這些文化遺產，發源於何時？大概可以追溯到戰國時期楚國的屈原，楚王不用他，感到懷才不遇，唱了很多熱愛楚國的悲歌，他可能就是愛國主義的祖師爺。不過屈原愛的楚國只是周王朝的一個諸侯國，有人勤他此處不留爺，自有留爺處，何不離開楚國到他國發展？屈原不聽，死認定為楚王服務，一條死巷走到底，最後投江自殺。如以儒家的天下文化來看，屈原未免太狹隘了。儒者應以天下為抱負，孔子不是周遊列國嗎？其雖像一條喪家之狗，不受各國國王的歡迎，但其後來退而求次之，以教興天下，教育出許多學生，使儒學得以在中國發揚光大。可以說，孔子是以天下為己任的一個人，屈原是以國為己任的一個人。以今愛國主義者來看，屈原不僅稱不上愛國詩人的領頭，還有阻礙中國

統一之嫌。說到中國歷史最具英雄氣慨的愛國主義者可能就是岳飛了。歷代朝廷御用文人為了宣揚岳飛的「精忠報國」精神，著了不少筆墨。岳母在他的背上刺「精忠報國」四字，讓岳飛刻骨銘心。岳飛受到秦檜欲加之罪的打壓，置之死地而不悟。一個愚忠的形象就這樣被塑造出來了。後人還把這說是儒家傳統文化的表現，實則是有違儒家的天道文化的。孟子說，「天下有道，以道殉身，天下無道，以身殉道。未聞以道殉乎人者也。」[19]這種「以道殉乎人者」能算是儒者嗎？為皇帝一人而死，死得很冤枉。儒並沒有主張要為皇帝賣命的死忠文化。孟子不僅痛罵那些無道的國君，而且還認為殺無道國君並不是不義。孟子說：「賊仁者謂之賊，賊義者謂之殘，殘賊之人，謂之一夫，聞誅一夫紂矣，未聞殺君也。」[20]當然，孔孟之道並不主張犯上作亂，但對於做臣子服侍國君是有分寸的，不是毫無原則的死忠。孔子講的「禮」，就有一套方法論。做國君的如何，做臣子的應如何，都有要領。一切都要符合天道，不能有所含糊。可以說，孔子的「君君、臣臣、父父、子子」發展成為盲從、死忠，是歷代皇帝為了鞏固其地位，取孔子義之一端而加以發揮，並非孔子所說的全義。

我們再來看看明王朝末期的發展。那些明朝的遺老，聲稱不做亡國奴，要反清復明，又興起一段時期的愛國主義熱潮。然而當清朝興起以後，明末的那些儒者，也慢慢看清了天下與國的關係，他們發現清朝也講孔夫子的天下文化因而就有「亡國與亡天下」的反思。而到了清朝末期，愛國主義又興起，此議越演越烈，不過不是反清復明，而是反西方列強，那個民國初的「五四運動」，不僅要打倒賣國賊，連孔家店也拔了。這就是我們最偉大的愛國主義運

---

19 孟子：《孟子》，台灣智揚出版社，民國 83 年版，第 383 頁。
20 孟子：《孟子》，台灣揚智出版社，民國 83 年版，第 51 頁。

動。中國的現代知識分子，說句不好聽的話，就是他們比清儒差遠了，還沒有清儒的明智，他們把愛天下轉變為愛國，實乃精神文化的墮落，也是對儒文化的莫大諷刺。

現代的犬儒主義者，常將愛國、民族主義和死忠思想相提並論，以為這是儒家的思想文化。將屈原、岳飛等奉若神明，又將孔子的「君君、臣臣、父父、子子」拿來佐證。實則儒家是不主張死忠、死諫的。孔子的儒學，提倡的是「明哲保身」，所謂的「明哲保身」即是「國有道，其言足以興，國無道，其默足以容。」[21]在《論語》中，孔子常告戒學生邦有道則士，邦無道則隱，不要為無道的國王做事。孔子視「邦有道，谷；邦無道，谷，恥也。」[22]用現代的話說，國家有道，你發了財，國家無道，你也發了財，這是很無恥的呀。孔子並對他的一個名叫冉有的學生為無道國王季氏做事甚為憤怒，放下重話，說這不是他的學生，叫學生們鳴鼓群起而攻之。可見孔子是不為「死忠、死諫」背書的。其實，儒對忠君的思想是有原則的，叫做「三諫不聽則去」。三次與你說明利害關係，這個國王都聽不進去的話，你就要選擇離開了，不要再為這個國王做事了。儒家為臣為士的這個原則，最早見於商紂時期的歷史記載：微子三諫紂王不聽就逃走了。而比干不識好歹，繼續進諫，結果被紂挖出心肝而殺掉。唐朝魏徵更有良臣和忠臣不同的講法。魏徵說，「稷、契、皋陶，君臣協心，俱享尊榮，所謂良臣；龍逢、比干，面折廷爭，身誅國亡，所謂忠臣」[23]後儒已意識到忠臣不僅害己，引至殺身之禍，而且還會導致國家滅亡。其實到孔子至孟子時代，儒都主張三諫不聽而去，《論語》、《孟

---

[21]　《大學、中庸》，華語教學出版社，1996 年版，第 83 頁。

[22]　《論語》，藍天出版社，2006 年 8 月第一版，第 266 頁。

[23]　司馬光：《資治通鑒》「卷 192 唐紀八」，北京出版社，2006 年 7 月第一版，第 262 頁。

子》都有此講法。在《禮記‧曲禮下》中也有講「三諫而不聽，則逃之。」並沒有主張明知有生命危險，還要死忠死諫。孔子說的一句話最人性，他說「暴虎馮河，死而無悔者，吾不與也。必也臨事而懼，好謀而成者也。」[24]那些視死如歸，為國捐軀，為黨獻命的事孔子是絕對不幹的。孔子說的「君君、臣臣、父父、子子」的意思，我看也是按照天道法則而說的上下有序。即做君子的，要有君子的道；做臣子的，要守臣子的道；做父親，要像做個父親的樣子，而做兒子的，就得有孝敬父母的道德。後世王朝把那些精忠報國、愛黨、愛鄉思想塞進孔子的儒家思想框裡，充當首貨賣出去，實則是對儒家天道思想的歪曲和蔑視。

清人儒者王船山將天下的興亡落實到知識分子的責任是很耐人尋味的。換句話來說，亡國，只不過是改朝換代而已，並沒有什麼大不了的事，這個國家興亡的責任，是匹夫走卒的事；而天下興亡就不同了，它關係到文化禮教能否傳承的事，是中華民族生死存亡的天下大事，這個責任，要由知識分子（士大夫）來擔當。我以為，王船山已指出儒家傳統文化的精義所在：沒有「禮教」，就沒有我中華民族。也就是說，沒有孔孟傳統禮教的體現，則中華民族就不可能成為中華民族。所以，幾千年來，歷代的中國知識分子——士大夫，都是把興天下做為己任的。也就是宋代範仲淹所說「先天下之憂而憂，後天下之樂而樂」的憂患意識。他們最關心的，是能否發揚光大孔孟那套天下禮教文化。我雖不才，自認也讀過兩三本書，雖不敢自稱為知識分子，但亦不會將自己貶為「匹夫」。我很不理解，現在的中國，一些自稱為「知識分子」的人，那些官員士大夫們，口口聲聲說「國家興亡，匹夫有責」，將自己放在匹夫走卒的行例，高舉著愛國主義的旗幟，樂此不疲，實

24　《論語》，藍天出版社，2006 年 8 月第一版，第 131 頁。

是有違祖宗孔老夫子的教導。他們不問天下興亡之事，任憑禮教之消亡，打著匹夫的旗幟，高喊著愛國，中國將何在耳？況且以今當權者對國家定義「國家是一個階級壓迫另一個階級的暴力工具」來看，這個國家有何可愛之處？形而下之器而已，離形而上之道遠矣。這個國有儒文化的存在嗎？有君臨天下的氣度嗎？清末學者王國維以身殉天下之亡而投水自殺，其情也哀，其性也烈，可見中國天下之亡也久遠矣！一個失去禮教的中國，還稱得上是中國嗎？什麼禮義之邦，儒教文化民族？天下文化早亡矣。

　　在國外，我時常看到不少一些匪夷所思的愛國主義事例：在香港九七回歸前幾天，一幫在英國居住的香港人對著鳳凰衛視說，「香港回歸祖國了，我們要回去參加慶祝，香港被英國霸佔一百多年，今天終於回歸祖國，我們太高興了。」天呀，這是什麼愛國主義？這個事我能做，他能做，就是你不能做，為什麼？你那麼愛國，何不搬回香港住，還賴在人家英國幹嘛？而且還要慶祝這塊土地離開這個國家呢。這就如吃人家，拿人家，還要摑人家一巴掌，這在我們儒家的「三綱五常」中能找到的倫理嗎？於常倫不符呀！其實，這些人，就是沒有禮教——天下文化的概念，他們只有國家——這個「小具」的概念。我經常在電視看到，在美國、加拿大、澳洲等國，兩幫愛國和反愛國華人，在街頭遊行衝突打起來，這些愛國英雄和漢奸賣國賊，都到國外來表演了。實際上，你英雄，回國去效勞吧；他賣國，他在國外，能把中國賣了嗎？一切都如唐詰柯德戰風車一樣荒唐。最近還聽說國內拒買日本貨，還火燒日本汽車。這種愛國行為，真能打倒日本鬼子了嗎？阿拉伯中東某些國家的蒙面人，拿著自動步槍在街上朝天亂放，燒掉美國國旗，踩了幾腳，這樣就打倒美帝國主義了？我們別笑人家，只不過是五十步笑百步而已。

愛國、愛鄉並非壞事。但上升到一個圖騰，一個政治圖騰，人活得真夠累了。說實在的，如今的愛國主義者真不敢恭維，除了講我拳頭硬了，錢多了，還有什麼呢？隨地吐痰，亂丟垃圾，假話連篇，道德敗壞。孔孟講的天下之禮教還殘存多少呢？一個讓人崇敬、欽服的大國，不是說我有幾條大炮，有幾個錢就可以稱為強國的。我們自稱是孔孟的後代，竟然丟失了「禮、義、廉、恥」的精神文明，代之而起的，只是那個圖騰式的愛國主義。儒家文化是不講愛國主義的，治國也只是儒家做人的一環。《大學》裡講「修身、齊家、治國、平天下」，治國要在修好自身，養活家人的情況下才能講治國，而治國，也不是什麼了不起的事，在儒家來講，平天下才是君子的抱負。

實際上，後儒都是把平天下為自己抱負的。即使後來的君主制將國演變為朝代，不再視國為諸侯國，稱國為一個朝代的號，大清國即指清朝。民國以後，採用國際的慣例，國家相近於古代人稱的一個「朝」；講治國相當於儒講治天下的含義。但既是把黨與國、政府與黨等畫分很清楚的。二十世紀五十年代初，殷海光教授對民國敗退台灣後的亂象忍無可忍，站出來說：

> 我們所處的時代，正是需要說真話的時代，然而今日我們偏偏最不能說真話……官方據以制言論自由的王牌有如後的幾張──「國家利益」，「基本國策」，「非常時期」，「緊急事態」，「非國即共」。藏在這一套說法背後的，有一些更深沈的想法，就是以為「政黨即政府」，而「政府即國家」，不幸之至。這些想法是根本錯誤的，而且是近幾十年來禍亂之一源。一個國家以內，只可有一個政黨的說法，是現在獨裁極權統治的說法，在現代民主國家，一個國家以內，在同一時期可以有幾個政黨，但是在同一時期，只能有一個政府。所

以，除非我們承認獨裁極權政治，否則我們不能承認「政黨即是政府」、「政府便是國家」。國家是永久的，不可更換的，政府不是永久的，而且是可以更換的。[25]

殷海光教授把「國家、政府、政黨」分得很清楚，使我們進一步看清了儒所講「君子平天下」是怎麼一回事。「國家是永久的」，即近似於古人的「天下」；政府、政黨皆可更換，說明此不是儒終極服務的目標。其言可說是一針見血，此僅供愛政府、愛黨專業戶參考。愛黨、愛政府與愛國是不容混淆的。當然，當今的「國家」，帶有濃厚民族主義成份，與儒講的「天下」是有所不同的。儒所講的天下，是堯舜聖人之道的天下，德潤四海，恩澤四方。所謂的「參天地，贊化育」（《中庸》）是也。其雖有「蠻、夷、狄」與「中國」之分，但其民族性並沒有現代國家那麼所強調。天下文化主要是講「德性」。

我們從《易》的宇宙觀可以看出，陰陽（乾坤，造端夫婦）為天道的基本法則。這個天道由人去實行（兼三材而兩之）。就是說，人類在天道下如何生活。孔子總結周朝時代的文化，在這天道下提出、建立了他的學說。即一整套儒家的倫理道德論。以此來看儒文化，也可稱之為「天下文化」。中國歷代的文人志士，以天下為己任，譜寫出許多可歌可泣的篇章，說明儒學，不是屬於哪一朝代，哪一個皇帝，哪一個政黨，哪一個國家的；而是天下人類所共有的精神文明財富。它是無國界、無種族、無宗教色彩的文化。

世界四大文明，其他三大文明都中斷夭折了，唯獨華夏文明一直延續至今，這個奇蹟是什麼？這全歸功於它「天下文化」的特性。黃帝教化南蠻北狄、東夷西戎，靠的就是天道文化。黃帝無為而治，就是其視天下為一家，大家都是在地球上生活的人類，人人都得尊

---

[25]　李筱峰：《台灣民主運動40年》，《自立晚報》出版，第58頁。

崇天道的德性而活，故黃帝以德性治天下。黃帝之所以被稱為黃帝，就是他尚土，土色為黃，黃帝就是大地的主人。黃帝是非常熱愛我們人類這個家園——地球的。到了堯舜時代，又有教化「三苗」的史說，「三苗」在舜帝的道德感化下，侯服在舜帝的天朝下。到了禹時代，九州並列，在禹的大統一中國完全告成。我讀《尚書‧禹貢》感到非常驚嘆，以當時的交通不發達，資訊落後的人文環境下，禹竟能統治那麼廣大的土地和人民，他的九州相當於現在的中國版圖。禹靠的是什麼力量使四方來服呢？殷周之際的箕子作《洪範》有說，「天乃錫禹洪範九疇，彝倫攸敘。」[26]就是說，禹是靠天賜給他的這九大法寶來治理天下的。這九大法寶是：一、五行；二、敬用五事；三、農用八政；四、協五紀；五、建用皇極；六、乂用三德；七、明用稽疑；八、念用庶徵；九、向用五福威用六極。這九大理論範疇，就是儒家的理論基礎。後儒稱箕子的《洪範》為儒家經典是不錯的，如現在中國人講的「水、火、金、木、土」互克的自然觀就是《洪範》正式提出來的（當然，在堯舜時期已有「五行」的講法）；儒家的「三綱五常」在《洪範》也有雛型（《尚書‧舜典》：「慎微五典，五典克從」。五典：五常之教：父義、母慈、兄友、弟恭、子孝）。他說的全是儒家的形而上道德觀。禹就是用這「九疇」來治理天下的。東夷、北狄、西戎、南蠻都來侯服，這就是天下文化的威力。後來中國朝代幾多更迭，幾多風雨，有外族入主中原，有印度佛教的進入，但都無法除去這個天道文化，它始終是中華民族的文化主流。

它之所以稱為「天下文化」，就是天道下的人類生存文化。當然它就是放之四海而皆準的，就是天下人皆可享用的文化，否則，

它就不能稱為天下文化。這個儒學，有何能耐？或說有何能力，來擔當這個天下文化呢？

當代儒學者杜維明教授寫過一本書，叫《現代精神與儒家傳統》。他的觀點或許可以說明儒家「天下文化」的問題。杜教授從當代政治、經濟、文化、宗教、社會制度等各個方面來論述，他認為現代西方工具理性主義「以動力橫掃天下」的軸心文明已發展到極點，已引起世界文明的衝突。所以德國學者哈伯瑪斯提出「溝通哲學」，人類再不溝通，任憑工具理性主義的發展，世界文明的衝突就一發不可收拾，人類就玩完了。現在我們看到的恐怖主義危害世界就是一個很好的例證。但是，人類如何溝通呢？不同的民族，不同的宗教，不同的社會制度，加上各國的經濟發展不平衡，這個溝通談何容易？如回教原教詣聖戰仇視西方基督教社會就是一例，他們如此激烈不共天載，你如何建立一個對話溝通平台？而儒家傳統文化就可以搭起這個平台。孔子講的「仁禮道德」都是從自身做起，自我修身，「反諸求己」，「己所不欲，勿施於人」。他不僅嚴於律己，也不去傷害別人。而且它還有一個其他文化沒有的特點，就是沒有宗教色彩。在天道下修身養性，正己為人，它強調的是以德治人。這種寬容文化，任何社會、宗教、國家、民族都可以接受。如此來說，儒家文化，作為天下文化當之無愧，它是可以擔當對話溝通的平台的。

儒學大師梁漱溟先生，對儒、佛及西方哲學都有深入的研究。他說人類解決其生存問題的學術路向有三：一是人對物的問題，即人如何解決人與自然界的關係問題，這是西方最發達的哲學；二是解決人與人的關係問題，這方面中國文化最早熟；三是解決人自身的問題，這方面印度文化最優秀。梁氏並預言，將來中國這個學術路向，必定在世界發揚光大（見梁漱溟《東西文化及其哲學》）。我們且不論梁先生是否對儒學太過偏愛，而發出的似有點狂言？但仔

細想來，梁先生確是有先見之明。西方的工具理性主義一味追求物質科學的發展，不斷向我們賴於生存的地球索取，一方面造成地球資源的枯竭，另一方面造成人與人關係的緊張。在這個社會情景下，儒學，這個講處理人與人關係問題的學問，即講人與人如何和諧相處的學問，是否應該提上人類學問的路程呢？

儒學，他沒有宗教色彩（孔子不講「怪、力、亂、神」）[27]；沒有種族之分（「有教無類」）[28]；不講愛國（「危邦不入，亂邦不居；邦有道見，無道則隱」）[29]；對結黨營私、鄉愿給予抨擊（「君子矜而不爭，群而不黨」[30]、「鄉愿，德之賊也」[31]一切以人為本，教你如何做人，如何處理人與人的關係。「曾子曰，夫子之道，忠恕而已矣。」[32]「忠恕」兩字，不正是俱備天下文化的特徵嗎？有人說，孔孟的學問，叫「成德之學」，即培養你的道德如何圓滿的學問。而以我看，孔孟的學說，也可說是教你如何成就自己，也即成己之學。以此來說，儒學，它是很自私的學問。後人把它說成是救國救民的學問，這是擴大其意而說，並沒有點及原旨。孔子教人修己為人，孟子把「得己」視為人生最高境界，都說明儒是為己之學，是「自我」的學問。它反對墨子的「兼愛」。墨子專講毫不利己，專門利人的學問，號召他的門徒艱苦樸素，為人民服務，又講喪葬禮從簡，無親厚之分。儒批評他們的學問違反人性，不合天道。從這裡我們亦看出儒的宗旨並不是為國為民。不過，儒雖自私，講為己之學，但它不自利。不像楊朱他們那樣自利，拔一毛而利天下都不肯為之。這是極端的個人主義。儒也批評楊朱這種專門利己，

---

27 《論語》，藍天出版社，2006 年 8 月第一版，第 139 頁。
28 《論語》，藍天出版社，2006 年 8 月第一版，第 328 頁。
29 《論語》，藍天出版社，2006 年 8 月第一版，第 163 頁。
30 《論語》，藍天出版社，2006 年 8 月第一版，第 318 頁。
31 《論語》，藍天出版社，2006 年 8 月第一版，第 355 頁。
32 《論語》，藍天出版社，2006 年 8 月第一版，第 69 頁。

毫不利人的學說。如依現代的功利主義來講，儒這個學說，它可以做到自己撈到最大的好處，但又不傷害到別人，而且我發展越好，對別人越有利。就像一個圓心學說，我，在圓的中心點，不斷向外擴張，發展越大，受益的人就越多。這裡講的「向外擴張」，是講「德行」被澤別人。自己的德行修為好了，就會影響到別人，使別人也跟著你做。所以《大學》裡講的「明德、至善、平天下」等最高理想，最終還是落實到自我身上──「修身」。宋理學家朱熹概括為「三綱領，八條目」。開始從自我做起，「格物、致知、誠意、正心、修身」都是講自己修為；然後才講「齊家、治國、平天下」，一級一級向外張力，但這個張力始終離不開自我這個中心點。

我們看現代西方的社會，他們很強調個人主義，即強調自我的發展，強調個性。自我發展固然不錯，但自我與大眾是相互矛盾的。個人主義過多了，就會妨礙大眾社會的發展；而過份強調公眾社會利益的和諧，則打擊個人主義的發展。這個人類社會的問題，是很難協調發展的。儒學，它既強調以自我發展為中心，又兼顧不妨礙別人的發展，實是一難得的、非常符合人性發展的學問，故它稱為「天下文化」是很適宜的。

我們把孔孟的學說放在天下文化的框架下來審視，我們就能看出其義理所在。有人說他是「成德之學」，有人說他是「君子之學」，更有人說他是講「仁、義、禮、智、信」，又有人說他是講「忠、孝、廉、恥、勇」。其實，如果我們把它放在天道下的人類如何生存？如何生活才是幸福、美滿、和諧？從而產生出一套文化來做審視的坐標。我們就更清楚地看出，孔孟這套學說，講的就是天下文化。他要使天下人井然有序，安分守己，和睦相處，過上幸福的生活。他們這一套道德說教，都是根據天道的演變而來。故我稱其為天下文化。用一句最通俗的話來說，孔子講的就是「做人的道理」。他講的有點類似今天所講的人權公約。即人普

遍所需要的最基本道德準則。有人會說，世界人權說人人平等，孔夫子說「君君、臣臣、父父、子子」的等級關係，怎麼能把它與人權公約相比呢？以我看來，孔子在這裡說的是強調社會結構的關係，即你坐在那個位置，就要做好你的本分工作。他沒有說你不能逾越這個等級。孔子的成長就能說明這個問題：他說他「吾少也賤」，後來能做到士大夫以及開學當教師。從一個下等人升上一個較有名望地位的人。假如說孔子強調等級不能逾越，那他就永遠在家種地做下等人了。孔子這個天下文化的人權公約精神，有很多方面至今還很突出：如他主張「有教無類」，用現代的話來說，就是不管他父母是黑人、白人、黃種人；也不管他是富人、窮人、鄉下人或是城裡人；更不管他父母是殘廢人或是罪人，他都有權接受教育，不能附帶任何歧視條款。這不正是當今人權法則所要求的權利和義務嗎？又如孔子說的「己所不欲，勿施於人」，這就把寬容的人權法則活生生地說出來了。孔子闡述這個做人的基本道理，普天之下都講得通，都能實施使用。他沒有種族歧視，沒有宗教的爭議，他說的是天道下的人類文化。

我們把孔孟之道放在天道的框架下來審視，把它定位為「天下文化」，就能看出孔孟之道的性質及其學術路向。用天下文化倒轉來說，孔孟想做的，就是「文化天下」，教天下人如何走上文化（有道德修養）的道路。

何謂「儒學」?

　　我們要對孔孟之道進行判釋,了解它的性質與功能,把它放在天道下來審視還不夠,我們還要往下層層剝。因孔孟之道與儒學有很大關係,到底孔孟之道就是儒學呢?還是儒學就是孔孟之道?我們必須把這個問題弄清楚。

　　何謂儒學?儒學,不就是儒家的學說嗎?儒家的學說,不就是孔孟之道嗎?孔孟之道,就是孔子和孟子創立的學說。其主旨是宣揚「仁、義、禮、智、信」的道德觀。此說再簡單不過。

　　但我們追而問之,問題就來了:什麼是儒學呢?何以它不叫孔學、禮學或叫仁學?偏偏叫儒學?儒是什麼意思?要說清楚它,真的不好說。

　　據現代詞典解釋:儒,指古代的讀書人,即文人,與習武、講武之人相對。據司馬遷《史記》的記載,儒,顯然是指孔子這一學派的人。《史記》又記載有人罵稱「腐儒」等事來看,儒,在當時來說,可能是一些只靠嘴巴說教,不從事實際工作的讀書人。現代人所說的儒者,還有泛指文質彬彬的知書識禮者。據《說文解字》之說,儒,是懦,即柔之解,術士之稱。古代專門從事喪葬禮儀的術士。孔子做過魯國職管祭事禮儀的官,或許這就是儒為從事喪葬禮儀的術士由來吧?然以《論語》、《中庸》、《大學》、《孟子》四書及《史記》所說,此解意義過窄,似乎不能總括儒的意涵。儒,不可能是單指從事喪葬禮的術士。孔子、孟子講的「君子」,不可能是指「從事喪葬禮的術士」。太史公稱儒太過於「博而寡要」,儒者

雖然很注重「禮」，但要身懷「六藝」的人才稱得上是儒。而懂得「六藝」可不是簡單的事，在社會上可說是全能的人了。詩、書、禮、藝、武等都會，儒者可說是文武雙全了。歷代的史家、學者，也沒有考證出儒的一個確切定義，孔子也沒有自稱他為儒者。孔子只對子夏說過「女為君子儒，無為小人儒」[1]，也沒有把儒的真正概念說出來。儒學，對於中國人來說，確實是一門很詭弔的學問，孔子的學說不叫孔學而叫儒學，而儒是什麼又說不太清楚。你說儒是讀書人，有文化的知識分子，那老子、莊子、墨子他們也是讀書人呀，怎麼又不叫儒呢？顯然儒是代表孔孟那一學派的人。據《史記》記載，儒這個名稱，在春秋時期已經存在，到戰國時代已很普遍，成為一種職業的代名詞。《莊子‧田子方》一文也有講述穿儒服的故事，莊子去見魯哀公，魯哀公說魯國有很多儒士，莊子說很少，倆人打賭。莊子叫國王下命令，凡穿儒服的人都要表裡如一，即你自稱是儒者就必須有儒的知識，否則名不稱實者殺。幾天以後，原來滿街穿儒服的人不見了。莊子是借此來諷刺儒的名不稱實。但從這裡我們也看出在莊子時代（戰國時期）儒已成為一流行的族群是不爭的事實（大家都以穿儒服為榮）。秦始皇的「焚書坑儒」也證明儒在當時的政治舞台很活耀。秦始皇認為儒威脅到他的政權，所以採取措施滅儒。以儒來代表孔子那一派的學問，在孔子死後不久已基本形成，到戰國時代定型。太史公曰：「夫使孔子名布揚於天下者，子貢先後之也。此所謂得埶而益彰者乎？」[2]看來使孔子的學說成為儒學宗旨，孔子的學生著力不少。

使儒成為中國歷代的顯學，始作俑者是漢武帝時期的董仲舒，他向漢武帝提出「罷黜百家，獨尊儒術」，漢武帝接受並實行了。

1 　《論語》，藍天出版社，2006 年 8 月第一版，第 108 頁。
2 　司馬遷：《史記》，中華書局，2005 年 3 月第一版，第 2464 頁。

自漢武帝以後的君王，均喜用儒術治國。儒術，就成為中國傳統文化的主流了。那麼，儒學的內容包括那些東西呢？據班固的《漢書·五行志》記載，「以為《河圖》、《洛書》相為經緯，八卦、九章相為表裡。昔殷道弛，文王演《周易》；周道憝，孔子述《春秋》。則《乾》、《坤》之陰陽，效《洪範》之咎征，天人之道燦然矣。」[3]從班固的記載來看，當初漢武帝推行的儒術，其內容不出《河圖》、《洛書》、《周易》及孔子的《春秋》和箕子的《洪範》所說的範圍。就是說，儒學的理論基礎，是以上五書為根據的。漢武帝以後，經歷代儒者所變更，到了宋、明時代，儒家所宗，基本上定型為「四書五經」（有說「六經」），把《論語》、《孟子》、《大學》、《中庸》（《大學》、《中庸》原屬《禮記》一書，有人也把《尚書》《禮記》、《論語》、《孟子》合稱為「四書」）等，都列入儒學的經典。若以太史公稱「夫儒者以六藝為法，六藝經傳以千萬數，累世不能通其學，當年不能究其禮，故曰「博而寡要，勞而少功」。[4]儒學的內容就多得不得了，是我們一輩子都學不完的。從太史公所說來看，儒學並不是單指孔孟的學問，而是以「六藝為法」。而六藝包羅萬象，它所指涉的的內容就廣博了。我們從荀子批判儒家，也可看出一些儒與孔子的微妙關係：荀子是尊崇孔子的，他特別推崇孔子的禮。對子思、孟子，及儒、墨者，都持激烈的批評態度。從荀子的作為我們可以看出一點端兒：當年孔子可能就沒有稱過他是個儒者，也沒有說過他所傳教的學說就是儒學。

是子思、孟子這一派儒者把他們說是孔子的正宗傳人，把孔子立為儒學的創始人。荀子看不過眼，對他們展開激烈的批評，說他們沒有真正理解孔子的學說，只抓住孔子學說的一點東西，

[3] 班固：《漢書》，中州古籍出版社，1996 年 10 月第 1 版，第 502 頁。
[4] 司馬遷：《史記》，中華書局出版社，2005 年 3 月第一版，第 2487 頁。

就以為是孔子的學術要旨了。還罵他們是一種罪過。(參閱《荀子・非十二子》)。

從荀子與儒、墨之爭來看，他們都沒有否定孔子，都很尊崇孔子，說明孔子的學說，在戰國時期並未屬於儒家所獨有。我們從道家莊子對孔子的評述，更能說明這個問題。《莊子》一書，對孔子和他的學生顏回都有描述，說孔子晚年得道(這點與孔子說他「七十從心所欲」是相照應的)，我們且不說以後的儒家如何看待莊子這個說法，有一個可能的事實就是：在孔子時代，孔子就沒有被定性為儒家，但孔子死後到戰國時期他的名聲已很響，各家學派都為爭奪孔子而立牌坊。這就說明一個問題：把孔學作為儒學，是孔子死後幾百年的事。在孔子生時當年，並未定位他是儒家學派。從孔子的言行來看，也可以證明這點。孔子從未說過他是個儒者，也未說過他所教的學問就是儒學。我們來看有次孔子對其學生作評價：孔子說「從我於陳、蔡者，皆不及門也。德行：顏淵、閔子騫、冉伯牛、仲弓；言語：宰我、子貢；政事：冉有、季路；文學：子游、子夏」。[5]以孔子的說法，他的弟子沒有一個達到孔子的要求。只是學得一部分學問而已。德行、言語、政事、文學，沒有一個學生是全能達到的。可見孔子的教學是多個方面的，包括德行、言語、政事、文學等。說孔子教的德行與政事歸於儒學的內容，還可以勉強說得過去；但言語和文學，並沒有派別的，不能說這是儒學的言語和文學。又如孔子說他，「志於道，據於德，依於仁，游於藝」。[6]這四樣東西是否都屬於儒學的內容？尤其是後者「藝」，是各家各派都可以學的，也不能說是儒學所特有。

如果我們把孔子說的仁學，說是儒學的宗旨，從而說孔子是儒學的創始人，說孔子是個儒者，那也說得過去，但從漢代董仲舒獨

---

[5]　《論語》，藍天出版社，2006 年 8 月第一版，第 203 頁。
[6]　《論語》，藍天出版社，2006 年 8 月第一版，第 127 頁。

尊儒術來看，他特別強調五行學說的天變災異來作天人感應，敦促
皇帝向善治理國家。而這個五行學說，追究起來，其理論來源，可
以說是箕子的《洪範》，後儒也承認《洪範》是儒學的理論基礎。
那麼，以此而論，儒學的創始人應該是箕子而不是孔子。從時間上
看，箕子早於孔子；從學說範疇上看，《洪範》更能包涵儒學廣博
的內容。有人說，儒學是有其一套系統內容的：它是以禮樂為中心
的教化體系，以仁義為中心的道德體系，以中庸為中心的實踐體
系。這三大體系合起來才是儒學。這三大體系孔子都講到了，故孔
子為儒學的創始人。但孔子既然是這個學說的發端人，又是它的理
論奠基人，為什麼不叫孔學而叫儒學呢？而以孔子「述而不作」、「克
己復禮為仁」來說，他所說、所做的，都來自周朝典章的禮樂。那
麼，周朝的典章制度是誰發明的呢？當然周公貢獻最大，孔子很讚
賞周公，還以久未夢見周公為感嘆。可見周公在孔子的心目中是多
麼崇高和偉大。這樣說來，周公也應該是儒學的創始人之一。而儒
學既很少提周公，有一部《周禮》，據說是周公所作。而儒對周公
則沒有多大的宣揚，倒是荀子有所讚揚。

　　總而言之，儒學是因何叫儒學而不叫孔學或孔孟之學？它可能
一定有個中原因。據班固《漢書‧藝文志》所說，「儒家者流，蓋
出於司徒之官，助人君順陰陽明教化者也。遊文於六經之中，留意
於仁義之際，祖述堯、舜，憲章文、武，宗師仲尼，以重其言，於
道最為高。孔子曰：「如有所譽，其有所試。」唐、虞之隆，殷、
周之盛，仲尼之業，已試之效者也。然惑者既失精微，而僻者又隨
時抑揚，違離道本，苟以譁眾取寵，後進循之，是以《五經》乖折，
儒學浸衰，此僻儒之患。」[7]以此來看，儒學的來由，有五個方面：
　　一、是歷代的司徒官員所宣揚、所講述的學說。

---

[7]　班固：《漢書》，中州古籍出版社，1996 年 10 月第一版，596 頁。

二、其目的是幫助帝皇順應陰陽教化民眾。

三、其學術範疇以六經為準，宣揚堯、舜的文、武典章。

四、拜孔子為祖師爺，以便使自己的學術得到統治者的重用。

五、得道為其最高的學術宗旨。

班固還分析後來的僻儒，隨著時代的變化而更改儒學的內容，違離了原來的道本，致使《五經》面目全非，使儒學走向衰弱。

以班固這個說法，拜孔子為儒學的宗師，主要是為了增加自己的學術影響力，使儒學得到當朝者的重用。以此來說，孔學是否就等於是儒學？而儒學是否就是孔學？

我孤陋寡聞，無法考究「儒」從何而謂。但從漢字說文解字的方法來看，單人傍，一個「需」字，這不就是人所需嗎？以此來解，儒，就是人所需，人所需要，所要依靠的東西。儒學，就是人所需要的學問。人類文明進步發展，沒有它作為依靠，作為所需要借助的知識，就不可能在天地之間安身立命；人類的事業就不可能繁榮昌盛發展。儒者，就是人類文明知識的播種者；儒學，就是人類所需要的學問。

依這個說法，才能較為妥切解釋孔孟之道。人的生存，無法逃離天地之間。孔子的學說，正是教人如何在天地之間安身立命的學問，即如何做人的學問。以此來說，孔子的學說，正是人所需要的學說，人不可須臾丟失的學說。即做人需要依靠的學問。如此稱「儒」，或許更符合把孔學稱為儒家學說的原意。前一章我們已提過梁漱溟先生做過一個東西文化不同的研究，他認為中國的儒學是關於人與人關係的學問。以此來說，儒學就是關於人與人之間如何和諧相處的學問。也就是通常意義上說的仁義道德形而上學。

人生來到這個世界，他需要什麼呢？必須俱備什麼才可以講人之為人呢？儒家講的「三綱五常」就是人所需要的。沒有「三綱」的等級制度，社會就亂了。現代的社會也要有政府等級機構管理民

眾。沒有「五常」，人倫關係就亂了。《禮記‧中庸》講的「尊尊等、親親殺」是人所需要的。孟子以「仁、義、禮、智、信」來說之，而孔子把人所需的「恭、良、儉、讓、敬、信、誠、寬、敏、惠」等都說到了。孔孟所說的，都是強調人所需要的東西。孟子曾說過這樣的一句話：「人異於禽獸者幾稀。」[8]就是說，我們人類與動物是沒有多太的區別的，如果人不修煉自己，不去學習人所需要的學問，人就不可能成為人了，而是與動物差不多的東西了。這就是孔孟的學問——人所需的學問。

然而，依人所需來解釋什麼是儒學，似乎又有些不通。你儒學是人所需的，那墨學、道學、法家學派、名家學派就不是人所需的學問嗎？以太史公司馬遷的說法，儒以六藝為法，六藝經傳千萬數，多得不得了，人的一生都不能讀完它，更不用說探個究竟了。以我的見解，寧可把孔子的學說放在儒學的框架下來考察，倒不如就孔孟之言行而言孔孟之道。孔孟的學說，說得再通俗一點，就是教你如何做人，如何在這個世界安身立命。如果我們以孔子的言行來看孔子的學問，他是以三個方面來展開他的人所需學問的：知禮、知人、知天命。

一、知禮

孔子說「不知禮，無以立也。」（《論語‧堯曰》）做人的第一步首先要知禮，懂得了禮，人才能有做人的方法和方向，沒有禮，人就像一個無頭蒼蠅，到處亂碰，是沒有什麼好結果的。因為人生活在這個世界，它是有秩序法則的。即天道是有它運行的法則的，

---

[8]　孟子：《孟子》，台灣智揚出版社，民國 83 年版，第 51 頁。

我們人不能違背天道而生活。我們人要如何順應天道呢？這就需要「禮」作為我們人的行為規範了。這個「禮」，就是根據《周易》演說的天道而制定出來的人的行為規則。人何以要敬重父母？何以要上下有別？《禮記・中庸》所說的「尊尊等」、「親親殺」的禮教就是根據天道而來。你是如何來到這個世界的？是父母親把你生下來的。《易・繫辭傳上》說「一陰一陽之謂道」，而「乾道成男，坤道成女。」夫婦之道就是陰陽之道，也就是乾坤之天道——人類生成世界之道。這樣說來，父母是你最親的人，所以儒家就定出「親親殺」這個禮數。又因為「天尊地俾，乾坤定矣。俾高以陳，貴賤位矣。」[9]（《易・繫辭傳上》）。所以要有「君君、臣臣、父父、子子」等上下有別的等級制度。《易・繫辭傳上》對此有特別的說明：「乾以易知，坤以簡能；易則易知，簡則易從；易知則有親，易從則有功；有親則可久，有功則可大；可久則賢人之德，可大則賢人之業。易簡而天下之理得矣。天下之理得，而成位乎其中矣。」[10]有了這個「親親殺」和「尊尊等」的禮教定位，人類社會的秩序就大功告成了，人與人之間就和睦相處，禮尚往來，相安無事。有了親，人類社會可以長久繁殖發展下去；有了等級制度（從屬關係）人類的事業就可以做大做好。所以禮，就是人按照天理運行的秩序，去規範吾人的行為準則。那些該做，如何做？在《禮記》中有很多很詳的記錄。故說「禮」是「聖人有以見天下之動而觀其會通，以行其典禮」（《易・繫辭傳上》）的一套人類行為規則。

　　史太公司馬遷在他的《史記・禮書第一》上說，「洋洋美德乎，宰制萬物，役使群眾，豈人力也哉？余至大行禮官，觀三代損益，乃知緣人情而制禮，依人性而作儀，其所由來尚矣！」[11]司馬遷上

9　《周易正宗》，華夏出版社，2004 年 1 月北京第一版，第 601 頁。

10　《周易正宗》，華夏出版社，2004 年 1 月北京第一版，第 605 頁。

11　司馬遷：《史記》，中華書局出版，2005 年 3 月第一版，第 1023 頁。

通天文，下知地理人文歷史，夏、商、周三代損益，無所不知，無所不曉，其對禮之贊譽，推崇佩至，此禮功力之大，可見一斑。可以說，儒家若沒有「禮」而立，其整個道德體系就轟然倒下了，其就不成為儒家文化了。激進分子魯迅說中國幾千年的「禮教」是吃人文化，把禮教說得一無是處，實則把整個儒家的文化否定掉了。現代很多人，不知禮為何物，也拾起魯迅的牙詬，咒罵禮是禍水，是害人的教條，是阻礙中國進步的絆腳石。也有很多人認為禮的繁縟細節太多，已不適應現代化的要求，也不適合現代國際交往的慣例，故完全可以棄之如蔽履。悲乎！無禮，儒家學說何以挺立？傳統文化何以繼承？中國何以成為中國耳？沒有禮的表現，一切都立不起來。故我們要談儒家文化，要繼承儒家文化，不能沒有禮，不能不知禮。

我們再來看看古人是如何說禮的：

《禮記・禮運》篇說，「禮者，君之大柄也，所以別嫌疑；明微、儐鬼神、考制度、別仁義、所以治政安君也。」它的作用多大？它是王朝統治的政治綱領，是君王的權柄，是辨別是非，洞察秋毫，驅除牛鬼蛇神，考察制度，分清仁義的法則，所以它能治理政體，安定君王。

《禮記・坊記》篇說，「禮者，因人情而為之節文，以為民坊者也。」禮是因人的性情而定出的節制條文，這是「役使群眾」的一切行動綱領。防民於水火的最好方法。在《大戴禮記・禮察》篇更清楚地說明「禮」的作用：

> 孔子曰：「君子之道，臂猶防與。夫禮之塞亂之所從生也，猶防塞水之所從來也。……故婚姻之禮廢則夫婦之道苦，而淫僻之罪多矣。鄉飲酒之禮廢，則長幼之序失，而爭斗之獄繁矣。騁射之禮廢，則諸侯之行惡，而盈溢之敗起矣。喪祭之禮廢，則臣子之恩薄而倍死忘生之禮眾矣。凡人之知，能

見已然，不見將然，禮者禁於將然之前，而法者禁於已然之後。……禮云，貴絕惡於未萌，而起敬於微妙，使民日徒善遠罪而不自知也。」

荀子對禮非常重視，他說：「禮起於何也？曰：人生而有欲，欲而不得則不能無求，求而無度量分界，則不能無爭，爭則亂，亂則窮。先王惡其亂世，故制禮儀以分之，以養人之欲，給人之求，使欲必不窮乎物，物必不屈於欲，兩者相持而長，此禮之所起也。」[12]荀子說「禮有三本：天地者，生之本也；先祖者，類之本也；君師者，治之本也。無天地，惡生？無先祖，惡出？無君師，惡治？三者偏亡，焉無安人。故禮，上事天，下事地，尊先祖，而隆君師，是禮之三本也。」[13]他還稱讚「禮者，人道之極也。」[14]

從上我們看到，禮有祭拜天地，尊敬祖先，宣揚君師的三大本質。古人說的這個「禮」，以我看，其實就是我們現今所說的「憲法」，或說基本法。而古人說的「法」，相當於現在的刑事法。憲法是禁於將然之前法律，刑事法是禁於已然之後的法律。禮，其實就起著當今憲法的作用。以此來看儒家聖賢為何這麼重視這個禮？孔子說「非禮勿視，非禮勿聽，非禮勿言，非禮勿動」[15]等等之禁令就不足為奇了。一個國家大法，關係到王朝的統治延續問題，它至高無上，做君臣的，孰能無視之？孰能無慎之？當然要謹言謹行，符合禮節了。況且禮是執天意而定出的行為規範，人要想更上一層樓，抵達知天命，沒有禮來做行為規範，如何知天人之分際？不知禮，就等於沒有了方法和方向。故人要知禮，識禮之後，方能邁向

---

[12] 荀子：《荀子》，中國紡織出版社，2007 年 4 月第一版，第 248 頁。
[13] 荀子：《荀子》中國紡織出版社，2007 年 4 月第一版，第 250 頁。
[14] 荀子：《荀子》，中國紡織出版社，2007 年 4 月第一版，第 253 頁。
[15] 《論語》，藍天出版社，2006 年 8 月第一版，第 222 頁。

「知人」的步伐。孔子說他「三十而立」[16]，就是說，他三十歲就知禮了。孔子七歲就可以設禮陣與伙伴玩遊戲，從小就在「禮」的浸淫下生活，這樣的聰明人，要到三十歲才完全懂得「禮數」，可見孔子是如何重視這個「禮」了。

可以說，禮，是古代皇朝的憲法，由於代代相傳，人們都照著去做，久而久之，就變成了一種習俗，一個傳統。它有點像宗教的教條，被祖祖輩輩固定下來。用我們現代人的眼光來看，禮也可以叫「習俗法」。它有些繁瑣的禮儀，不會變通，就成為現代人說的「死禮節」。但是，禮，它是儒家天道文化的表現行為準則，沒有它，則天道不可見，天道沒有了，整個儒家傳統文化就倒塌了。

現代中國大陸，對禮的破壞是最嚴重的了。清末西方列強入侵中國，對禮造成一次破壞，民國初軍閥混戰，社會秩序混亂，禮教荒廢，加上中國的一批左翼文人（如魯迅等），大肆宣揚禮教吃人，把禮教說得一無是處，禮，就這樣衰落了。到了我們這一代中共紅旗下長大的人，幾乎不知禮之為何物了。以當今社會的時尚來說，禮，代表的就是陳腐、守舊、不開化，是與現代化格格不入的行為舉止。我華夏聖哲先賢，上觀天象，下察地理，遠取諸物，近取諸身，格物致知，正心誠意，緣人情而創禮，造就了多麼輝煌燦爛的文化。如今禮竟淪落為「吃人」的教條，我們太愧對於祖先了。《禮記・禮運》篇說，「大道之行也，天下為公，選賢與能，講信修睦，故人不獨親其親，子其子，使老有所終，壯有所用，幼有所長，鰥寡孤獨廢疾者皆有所養，男有分，女有歸，貨惡其棄於地也，不必藏於己；力惡其不出於身也，不必為己；是故謀閉而不興，盜竊亂賊而不作，故外戶而不閉，是謂大同。」此禮一運行，天下即大同。沒有盜竊，沒有淫亂，人盡其

16　《論語》，藍天出版社，2006 年 8 月第一版，第 20 頁。

才，有力的出力，有才的出才，互相幫助；人們親親愛愛，和睦相處。這樣一個有條有序的和諧社會，就是運用禮創造出來的。歷史記載，堯舜時期就出現過這種大同社會。既然祖先為我們創造出那麼燦爛輝煌的禮文化，我們即使不像孔子那樣講「克己復禮」，但也不至於全盤否定，說它是「吃人的禮教」吧？

　　禮，是否有那麼大的功能？何以孔子要「克己復禮為仁」，那麼重視這個禮，立志要恢復周朝時代的這個禮文化？周公距孔子時代只不過幾百年歷史，連孔子都悲嘆他久未夢見周公了。而我們距周公幾千年矣，歷史的滄桑波折，禮崩樂敗也久遠了，我們能夢見周公嗎？

　　其實，孔子所處的時代，不也是禮崩樂敗的時代嗎？孔子明知不可為之而為之，退而作《春秋》，記「春秋」史事：「殺君，亡國，諸侯奔走不得保其社稷者不可勝數。察其所以，皆失其本己。」[17]「本己」，即德性也；德性是什麼？天道也；天道原來如此，至清至純，順之者昌，逆之者亡。如禮者，則順也。「不知禮，無以為立」，其道即在於此。以通俗的話來說，禮就是良能。有德有能，國泰民安；無德無能，國破家亡。古人解禮為履，履者，足行也；即我們今講的實踐理性原理。又據《易》有「履卦」，《易·序卦》說，「物蓄然後有禮，故受之以履。履而泰然後安，故受之以泰。」[18]「履卦」是在「小蓄卦」之後，在「泰卦」之前。人有一點小蓄後，就要慎言慎行了，規範自己的行為，這就是履卦的意思，你做到自己的行為中正以後，你就可以陰陽和諧，泰而安了，這就是泰卦的意思。按「小蓄、履、泰」三卦聯繫來說，履卦起到承上啟下的作用。正好說明履卦，即是禮擔當的角色。《易經》

17　司馬遷：《史記》，中華書局，2005 年 3 月第一版，第 2492 頁。
18　《周易正宗》，華夏出版社，2004 年 1 月北京第一版，第 693－694 頁。

履卦的《象辭》說，「履，柔履剛也。說而應乎乾，是以履虎尾，不咥人，亨。剛中正，履帝位而不疚，光明也。」履卦上為，「乾卦」，下為「兌卦」，這就是以柔軟踐履剛強之意，說（即悅，兌卦）以對應乾，就如我們人踩到虎的尾巴，虎不吃人，亨通。剛爻居於中位得正，因為光明正大，所以踏上帝王的位子也不會有什麼愧疚。已故民國總統蔣公名「中正」又名「介石」（《易經》亦有「介於石」之說，即以柔克剛之意）[19]蔣中正，蔣介石這個名字，都是實踐禮的意義，全因《易經》的典故而來。蔣中正能坐上總統之大位，你說巧合也好，你說是《易經》的算卜靈驗也好，《易經》所說的「履卦」就是禮的實踐行為。如果說柏拉圖理想國的國王就是那個充滿智慧的哲學家，那麼《易經》所說的踐履（禮）可以踏上帝王之位就是孔子所說的「君子」。就是說，你如果以禮作為你的行為規則，一切都符合天道，那你就是正人君子了。這就是孔子所說的「克己復禮為仁」的意思。我們現代許多愛國憤青，罵日本為小日本，叫人家為鬼子。實則人家日本真正繼承了我們禮教的一些傳統，我們反而丟失了。我在電視看到日本政府那個交接儀式，莊重而威嚴，一舉一拜，有禮有節。這不正是我們古人的那個禮教儀式嗎？孔子說君子不重則不威就是這個道理。一個管理全國人民大眾的首席官，沒有一個隆重的交接儀式，草草過場，民眾會對你有所尊敬而聽從你的指揮嗎？《禮記·中庸》說，「親親之殺，尊賢之等，禮所生也。」[20]我們人類之所以有慈父慈母，兄弟姊妹互相敬愛，朋友之間很講信用，下級聽從上級的指揮，尊敬賢達師長等，都是由禮所生成。現代的中國人常說，中國人如何如何？中華民族如何如何？你試想，假如你沒有禮的表

---

[19] 《周易正宗》，華夏出版社，2004 年 1 月北京第一版，第 661 頁。
[20] 《大學、中庸》，華語教學出版社，1996 年版，第 55 頁。

現，見面握握手，對父母直呼其名，你的一舉一動，與西方沒有什麼兩樣，甚至言行舉止比人家更粗俗，更無章法，你還能代表中國人嗎？你還能說這就是中華文明嗎？一個民族，一個人說他是某某國人，不僅與他使用某種語言、文字有關，而且與他的習俗，傳統的倫理道德、宗教等有關。就是說它有一種特定的、內在的文化涵養。而這一切，靠什麼來展現呢？禮儀，就是這種文化內涵的表現形式。沒有禮，你這民族的文化特色如何表現出來呢？你說你是中國人，你這個中國人總得有點與別人不同的東西吧？我們總不能說，那種沒有禮貌、髒亂、隨地吐痰的舉止是中國人的特色吧？日本人之所以為日本人，是我們首先看到他們接待客人那種點頭彎腰的禮儀。無禮，我華夏文明無以見矣。

當然，現代文明的發展，我們完全照搬古代的禮儀是不可能的了。我讀《禮記》，對古人那種繁瑣禮儀細則感到驚訝。莫說我們今人做不到，就孔子時代也難於實行。《禮記》也記載有些人不懂禮節，由孔子或其他達賢指出矯正的歷史故事。可以說，在這禮崩樂敗的時代，要「克己復禮」是非常困難的。但是，正如王船山所說的，亡天下即亡禮教。無禮教文化，則中華文化滅亡矣。所謂恢復傳統中華文化，當從恢復禮教做起。「無禮無以立也」。古埃及文明的斷絕，如今只不過存幾俱木乃伊而已。如華夏文明若無禮而獻之，則華夏文明只存幾件爛銅廢鐵的古物而已。

從先秦古聖賢對禮的記述來看，禮應該是人的最基本行為生活方式。即一種做人的生活準則。以通俗的話說，叫做「對得起天地良心」。即我的行為不違天，不逆地，合中節，和而心正身安也。孟子把「義」比作是路，把「禮」比作是門。他說，「夫義，路也，禮，門也。惟君子能由是路，出入是門也。」[21]出入無門，說明我

---

[21] 孟子：《孟子》，台灣智揚出版社，民國 83 年版，第 286 頁。

們沒有一個安身住所，那只能說是在荒陌野林中，這樣，我們就是野蠻人了；而有住所，那必定要有一個門來出入方便。孟子把禮比作門，是有其深刻意義的：就是說，我們作為文明人，其要向外展現自己，必定要有一個方式，一個框架。這個方式，或說框架，就是禮。這個門不能過大，過大，住房就遭受風雨的入侵；過窄，我們出入就不方便，要恰到好處。這就是禮的作用。禮是人類精神文明這座大廈的門。能從這個門出入的人，就是「君子」（文明人），不能出入這個門的人就是小人（野蠻人）。我們現代許多中國人，受到一些所謂自由風氣的影響，以為隨隨便便、不扣禮節就是時尚。殊不知，人家西方亦有紳士精神的說法。這個文質彬彬，讓女士先行的紳士，他以什麼來表現呢？不也是以禮來體現嗎？現代的文明社會，同樣是需要「禮」來做人的行為規範的，只是與我們古人的禮有些差別而已。一個沒有禮來做人行為規範的社會，不可能是一個文明的社會，只能是一個雜亂無章的野蠻人社會。我們就拿上面說的「故婚姻之禮廢則夫婦之道苦，而淫僻之罪多矣」來說吧，當今社會的愛滋病泛濫，中國大陸高官取二奶風行，就是婚姻之禮廢的結果。性行為要有一個婚姻之禮來約定俗成的，你把它廢了，就把那道德底限也抽掉了。如在以前的傳統習俗來說，一個女子沒有結婚就發生性行為是可恥的，傳出去，這個女子是會受到社會的鄙視的，她的名聲就會受損。這就是禮的作用。禮，它是用來維繫一種價值觀的，你把它廢了，就等於打破了這種價值觀。如今的人認為貞操不重要了，看到的是錢，有錢照樣能在世風風光光做人。這樣，婚姻之禮就廢了，夫婦之道就苦了，夫妻之間最私密、最信賴的那套防線就毀了，而淫僻之罪就叢生了。又如當今大陸風行二奶一事吧。古時人取妾，是為了傳宗接代，它有一套禮法規定，不是亂來的：做妾比大老婆低人一等，也沒有掌握經濟實權。就連皇帝的接班人，首先是大老婆（皇后）的兒子確立，大老婆沒有兒子，

才能輪到妾（妃）的兒子做太子。就是說，做妾的地位是不高的和較為鄙賤的。男的納妾，也不是說隨他高興納就納的，也要有禮的約束的。這些禮俗，它是維繫家庭、婚姻的一個很重要因素。如今的社會，二奶是不合法的，不能明媒正娶。有時她的地位高過大奶，掌握著經濟實力；有時被男的棄之如蔽履，命運悲慘得很。這個二奶夾在家庭中間，破壞了多少和睦的家庭？這就是「婚姻之禮廢，夫婦之道苦，淫僻之罪多」的一個事實寫照。由此我們也看到，古人所說的禮是多麼重要，它所起的作用是多麼大。我們講傳統，講繼承傳統文化，其一最大的原因就是：我們現代人不按傳統的路子走，走不通，走不下去了，才轉過來反思傳統。原來古人所說的句句在理，一一報應了。不聽古人言，吃虧在眼前。這就是傳統文化的魅力所在。我們以此來觀孔子的禮，他何以要如此堅持「克己復禮」？禮的功能實在太大了，它在節制人欲求的方方面面都禮遇到了。可以說，禮是做人最一般的行為規則，一個文明人必備的行為規範。無禮，做人則立不起來。

二、知人

知人是孔子學說的重要組成部分。孔子所謂的知人其實就是知言。孔子說「不知言，無以知人也」[22]知言，就是辨別是非。孟子有知言之說，是對孔子「知言」最好解釋。孟子說，「何謂知言？曰：詖辭，知其所蔽；淫辭，知其所陷；邪辭，知其所離；遁辭，知其所窮；生於其心，害於其政，發於其政，害於其事。聖人復起，

---

[22] 《論語》，藍天出版社，2005 年 8 月第一版，第 397 頁。

必從吾言矣。」[23]孟子列出四種流言蜚語來說明知言。他說聽到那些偏頗的話，就知道他被私欲所蒙蔽；聽到那些逾越禮節的荒淫話，就知道他已陷溺於放蕩之中；聽到那些邪僻的話，就知到他背離正道；聽到那些閃避的話，就知道他心中無物可以應對。這四種毛病一旦在心中起意，便會危害到政治的施行；一旦在施政時表現出來，便會危害到國家大事。就算古代的聖人復生，也一定會認為我說的是對的。孟子所說的「知言」，是要善養他的「浩然之氣」。他說，「我知言，我善養吾浩然之氣。」[24]養這浩然之氣做什麼呢？當然是要做君子。這個浩然之氣，「至大至剛，以直養而無害，則塞於天地之間。」這是氣勢磅礴的君子境界。故後人說孟子的學問為「君子之學」是有不錯。他把孔子的「君子」進一步發揮而說。孔子的知人，是把人劃分為君子和小人兩種來說明他的道德學：君子是好人，是有道德、有知識、心胸寬廣、通達的仁人志士；而小人則是沒有道德、心胸狹隘、結黨營私的鄉愿人士。孔子將這兩種人對比而說，使人一目了然：孔子說，「君子不器」「君子周而不比，小人比而不周」[25]、「君子和而不同，小人同而不和」、「君子泰而不驕，小人驕而不泰」[26]、「君子疾沒世而名不稱焉」、「君子求諸己，小人求諸人」、「君子矜而不爭，群而不黨」、「君子病無能焉，不病人之不己知也」、「君子不以言舉人，不以人廢言」[27]。

孔子是個很了不起的心理學家，他深刻地透視人生，了解人的本性。他在這個勾心斗角、競爭激烈的社會，把自己挺立起來：你們不是患得患失，常常憂慮不已嗎？我則心胸坦蕩，無憂無慮；

[23] 孟子：《孟子》，台灣智揚出版社，民國 83 年版，第 73 頁。
[24] 孟子：《孟子》，台灣智揚出版社，民國 83 年版，第 73 頁。
[25] 《論語》，藍天出版社，2005 年 8 月第一版，第 26－27 頁。
[26] 《論語》，藍天出版社，2005 年 8 月第一版，第 261 頁。
[27] 《論語》，藍天出版社，2005 年 8 月第一版，第 216－218 頁。

你們不是互相攀比,看誰能幹嗎?我則把事情盡能力做好,不與你們攀比。人人都想表現自己,爭名奪利,我則默默做我的工作,求我的學問,有成績了也不驕傲;你們都去責備別人的過錯,彼此結黨營私,我則反身求己,檢查自己有什麼過錯。他把這些看似吃虧,但又能使自己更有利存在的行為人稱為「君子」。可以說孔子是個很高明的存在主義者。他在辯言中,他把做君子的好處和做小人的壞處都說出來了,使自己在知人中立於不敗之地。孔子說「知人」,當然不單是說君子與小人之分,他還有論「仕」,論朋友,論鄉黨等。整部《論語》,基本上是記載孔子教育他的學生如何為人處世。因學生各人的資質和秉性不同,孔子因材施教,所以同樣說一個名詞,但有不同的解釋。如講「仁」,不同的人問,孔子都有不同的解釋,以致於我們不知孔子「仁」的確切概念是什麼?後儒為了救國救世,有的還為了迎合皇帝的歡心,就產生許多對孔子學問不同的解釋。遠的不說,就說孟子和荀子,與孔子相隔的年代不算很遠,應該是有據可依的。但兩人對孔子學問的看法,既大大的不同。同是講「心性」,孟子是性善論,荀子是性惡論。孟子強調「義」,荀子則強調「禮」。實則,孔子在《論語》中教人如何做人,是很具體的事,而孟、荀兩賢,則把孔子說的話提高到普遍原則。這當然是人言人殊,看法不同。我們從人性的,非常人性的角度去看孔子,他所說的「知人」,即教你如何做人,如何辨別人的言行,提高你的人生境界而已。

孔子說「知人」,不僅要把人的本性、智能弄清楚。而且要把人類的歷史文化弄清楚。所以孔子的「知人」內容是很廣泛的。他不僅要瞭解「性智」等人本能的東西,而且還要講「學思」等知識論的思辨。《禮記·中庸》說「故君子之道,本諸身,徵諸庶民,考諸三王而不繆,建諸天地而不悖,質諸鬼神而無疑,百世以俟聖

人而不惑。」[28]這裡說的除「質鬼神而無疑」為「知天命」範圍外，其他部分均為「知人」的功夫。就是說，你不僅要知道你本身如何，還要知道人民群眾是什麼，而且還要考察歷史，三皇五帝是如何以德治人的，百世以來的人事興衰都考察得很清楚，沒有疑惑，這就是君子之道。孔孟要求君子不僅要尊德性，而且要博於文。「學思」也是孔子「知人」的一個重要內容。孔子說，「博學於文，約之以禮，亦可以弗畔矣夫！」[29]就是說，你有博學的才能，又有禮儀作為你的行為準則，那就沒有什麼可以難倒你的了。孟子亦說：「心之官則思，思則得之，不思則不得也，此天之所與我者，先立乎其大者，則其小者不能奪也，此為大人而已矣。」[30]孔孟辯「知言」（「知人」），是要提高你做人的境界，使你往上提升，做個品德高尚、智勇雙全的君子、大人的人物。不要做那品德低下、無能無才的小人。

有人說孔孟之道是「成德之學」，叫「尊德性」之學。又有好事者將《論語》各章分為若干內容。如將〈學而〉篇說是專講學習的，《顏淵》篇是專講仁的，《八佾》篇是專講禮樂的。實則《論語》的內容雜得很。就《學而》篇來說，前面有「學而時習之」講學習外，後面的似乎又說到「孝」或做君子等等方面去。並不是全講學習；《顏淵》一篇也是這樣，開始講仁，後面似乎又講其他「問政」、「問德」、「問君子」等去了。篇名雖叫《顏淵》，但並非單是與顏淵對話或專講顏淵，還有其他弟子答問。類似這樣的問題，在《論語》篇篇都有。孔子講仁的內容不單是《顏淵》一篇，其他篇章也有講。其實，如果我們將《論語》作為是對孔子思想的闡述、記錄來看，我們倒不如說《論語》的主要內容是講「知禮」和「知人」

[28] 《大學、中庸》，華語教學出版社，1996年版，第91頁。
[29] 《論語》，藍天出版社，2005年8月第一版，第233頁。
[30] 孟子：《孟子》，台灣智揚出版社，民國83年版，第314頁。

（「知言」），。我們以此來看《論語》的內容為何如此複雜豐富，其曰仁、曰禮、曰君子小人、曰士曰友曰鄉黨、以及曰孝曰誠曰信曰廉恥曰智勇等等。與其說《論語》是講「仁、義、禮、智、信」，倒不如說是講「知禮、知言（即「知人」）。之對話錄。孔子有很高的知人鑑別能力，他因材施教，因材施用，對不同的人，用不同的方法教育他們。《論語》，就是孔子與不同的學生對話錄，從而闡述孔子事跡的一本書。《史記》記〈仲尼弟子列傳〉，孔子的學生，各有所長，各有所短，才能不一。詩、書、禮、樂、藝各有建樹。太史公所採史實引言，多出自《論語》。太史公所記仲尼的弟子，點出姓名的人物各有不同：顏回好學，悟性極高；子貢好辯，秉性高敖；子路好勇，志氣高亢等，孔子對這些有不同性格、才能的學生給予不同的教育方法。孔子贊顏回好學，對仁義有極高的悟解；對子貢的利言好辯，孔子常黜其辯；對子路的勇敢，孔子則以禮匡正之。該書也記載樊遲問學莊稼，被孔子罵為沒出息；又記載孔子對澹台滅明以貌取人的錯誤看法，等等。我們從太史公記孔子學生的事跡亦可以看出《論語》是一本什麼樣的書？有後儒將《論語》作為治國治人的經典大加宣揚，把《論語》說得無以倫比，有「半部《論語》治天下」之說。我則感到有些迷惑：一部缺乏嚴密邏輯性、結構非常鬆散的書，竟用「半部」就可以治天下，實在太神奇了。如果我們以現代作文法來看，《論語》連小學生的作文都不如，每一篇文，沒有一個中心意思，而且文不對題。但若依「知言」（知人）來解讀《論語》，我看就比較合情理了。以此說我有三大根據：一、〈論語・堯曰〉裡，孔子說「不知命，無以為君子也；不知禮，無以立也；不知言，無以知人也。」[31]此三句話，是對聖人之道的總結，也是孔子教育其學生的三大內容。它放在《論語》最後一篇

---

[31] 《論語》，藍天出版社，2006 年 8 月第一版，第 397 頁。

《堯曰》，就是對全書作一個總結。即我們現今著作的前言或後記，對書來個提要的說明。禮，有《禮記》等記述；命，有《易》等說辭；而整部《論語》，就是辯言，為「知人」而說。二、知人不僅包含道德論，還包含知識論。《中庸》一句「百世以俟聖人而不惑，知人也」就說明「知人」的知識論。百世以來的人文興衰，他都非常清楚，沒有一點迷惑，你想想，這包含多少人文知識在裡面。孔子也說他「四十而不惑」。孔子到了四十歲，就知道人是怎麼一回事了，他「知人」，所以他沒有迷惑。聖人不僅通曉人的行為本性，還要上達天文，下至人文歷史都要知道。可以說「知言」是儒家學說的一個重要組成部分。歷代的儒者，都飽讀經書、對歷史非常熟悉，都強調要身懷「六藝」，也是來自孔子這個「知言」的任重道遠。不知言，何以知人？不知人，何以治人？故為君子三階段論：知禮、知言而知天命也。以此來說，《論語》的主要內容是講「知言」就不是無根據了。三、與《論語》相近的典藉還有一部《國語》。何為「國語」？即記錄七個國家如何興衰的語言。當時記史叫「春秋」，如孔子的《春秋》，呂不韋的《呂氏春秋》等。而記言的就叫「語」。顧名思義，《國語》就是記國的興衰語言。而《論語》，也就是彼此議論（對話、談話）的語言。說《論語》是一本辯言書，對書名和其內容來說，是很恰當的。這樣，我們以「知言」（知人）來解讀《論語》，就不會覺得雜而散、文不對題了。

孔子說「知人」，並不是其最終目的，其知人只是一個中介，一個橋梁，最終目的是為了「知天命」。

三、知天命

「子曰：不知命，無以為君子也。」[32]孔子說這個「命」，就是天命。知天命，就是做到君子的境界了。子貢說，「夫子之文章，可得而聞也，夫子之言性與天道，不可得而聞也。」[33]孔子雖然指出知天命，就是做君子的境界，但什麼是性與天道，孔子在《論語》中沒有太多的說明。倒是在《易經》的〈系辭傳〉中講到性與天道。如果說相傳的《易·系辭傳》為孔子所作屬實，那麼〈系辭傳〉所講的性與天道就是孔子的意思了。〈系辭傳〉亦有曰：「易，無思也，無為也，寂然不動，感而逐通天下故。」[34]也可證明子貢「夫子之言性與天道，不可得而聞也」之說，因這個天道是不能用思想、用行為去得到的，要靠一種非常微妙的感悟，一種極虛無的靜觀才能得到。所以這「知天命」是不好說的。要了解孔子這個天命，從《易經》入手是一個方法，從《中庸》來理解也是一個方法。這二書都有講到性與天道。

據《易經》所說，天道就是「乾」卦。這個乾是天地之始。「大始乾元」，這個「乾」是如何來的？我們人類是無法考究的，它是無無之有。乾是一，它是不能分解的。不能分解地說的東西，是不好說的。所以，我們若用理性去分析天命，是分析不出一個名堂來的。如能分析出來，那也不是天道。以子貢那樣能言善辯的聰明人，又親臨孔子的教導，他都不可得而聞之。我們要得出這個天命，只能靠中國人常說的「悟性」。這個「悟性」，不是西方哲學所說的知

32　《論語》，藍天出版社，2005 年 8 月第一版，第 397 頁。
33　《論語》，藍天出版社，2005 年 8 月第一版，第 87 頁。
34　《周易正宗》，華夏出版社，2004 年 1 月北京第一版，第 631 頁。

性，它是一種感性──心靈感應。故《易·繫辭傳上》曰：「易，無思也，無為也，寂然不動，感而逐通天下之故」就是這個道理。這個天道，你要在極虛靜，無思無為的境況下才能感悟的。以《中庸》的說法，天道是無聲無臭的，即我們看不到，摸不著，聞不到的宇宙法則。它是形而上的，不是形而下的器具可以命名的。《易·繫辭傳上》有說「神無方，易無體」[35]也是這個意思。這個無形的天道，我們雖然看不到，摸不著，聞不到，但天它在我們這個宇宙世界，確實運行著。孔子說，「天何言哉？四時生焉，天何言哉？」[36]天不說話，但在冥冥之中有一種力量在左右著我們這個世界。萬事萬物，生生滅滅，無不出自這個天道。所謂的「於穆不已」（《中庸》），天道肅殺真如，沒有半點虛假，它在統籌、運行著整個宇宙世界。

天道無聲無臭，我們人要如何體悟、感應到天道的存在呢？《易經·繫辭上》說，「易，無思也，無為也，寂然不動，感而逐通……」這個天命，要在沒有任何思為、寂然不動的情況下，讓那心與天地自然感應，才能悟出來。用現代的話說，你用知性、理性去尋求，是找不到的。既然用知性、理性無法求得，那麼這個天道用語言就很難表達了。「天命」之不可說，難就難在這裡。無論孔子如何說，子貢是不能理解的，故其有此「不可得而聞之」的感嘆。其實，若我們沿著不可說而說之的悟道方法及聖人得道的跡象來看，這個天命雖難於說明，但靠吾人的悟性，是可以悟出來的。

《中庸》開篇有說，「天命之謂性，率性之謂道，修道之謂教。」[37]這就是說，天命與我們人的「性」是有很大關係的。只要我們理解什麼叫「性」？循「性」而索求「天命」，大體這個道就

---

[35] 《周易正宗》，華夏出版社，2004 年 1 月第一版，第 614 頁。

[36] 《論語》，藍天出版社，2006 年 8 月第一版，第 359 頁。

[37] 《大學、中庸》，華語教學出版社，1996 年版，《中庸·天命章》第 3 頁。

不離其中了。然，什麼叫「性」？孔孟他們說這個「性」，可不是現代人單指男女歡愛的那個「性」，它的意涵廣泛得多。從孟子與告子論性的言論我們可以看出，儒家所說這個「性」，不僅說人有動物界（禽獸）那種性欲，而是更強調人有比動物更高一級的人性。孟子說「人之所以異於禽獸者幾稀。庶民去之，君子存之。」[38]就是說知道人與動物有不同的性的人是很少的，芸芸眾生往往墮落為禽獸而不自知，把美好的人性丟掉了。人要徹底把這個「人性」發揮出來是很難的，只有君子才能保存這個「性」。而這個「性」是什麼呢？以我看，孟子說的就是人的「德性」。「德性」是什麼？德性就是善。「人之初，性本善」，善，就是性的本體。故《大學》開篇就強調「《大學》之道，在明明德，在新民，在止於至善。」[39]「明德」，就是瞭解人的本性（德性）；「止於至善」，就是得天命了。《中庸》說的「率性之謂道」，就是我們把人這個「善」發揮到至極，就得天道了。

這個天道就是「至善」，而這個「至善」要如何實踐，才能得到？因孔孟認為「人之初，性本善」，這個善，人生下來就有的，天道本來就如此，是天給予人這個本性的。那麼要得到這個「至善」，這就要求我們人回歸天道本身——「天人合一」。即人的性和天的性是一樣的。所以儒的方法論就是「誠」。孟子說，「是故誠者，天之道也，思誠者，人之道也。至誠而不動者，未之有也；不誠，未有能動者也」[40]《中庸》說：「自誠明，謂之性，自明誠，謂之教，誠則明矣，明則誠矣。唯天下至誠，為能盡性，能盡其性，則能盡人之性，能盡人之性，則能盡物之性；能盡物之性，則可以

---

[38] 孟子：《孟子》，台灣智揚出版社，民國 83 年版，第 220 頁。
[39] 《大學、中庸》，華語教學出版社，1996 年版，第 3 頁。
[40] 孟子：《孟子》，台灣智揚出版社，民國 83 年版，第 191 頁。

贊天地之化育；可以贊天地之化育，則可以與天地參矣。」[41]誠，可以盡人性、物性及天地之性，最後達到與天地參。這就是誠的作用。宋儒周敦頤說得更明白：「誠者，聖人之本，大哉乾元。萬物資始，誠之源也。乾道變化，各正性命，誠斯立焉，純粹至善者也。故曰：一陰一陽之謂道，繼之者善，成之者性也。」（《通書·誠上第一》）看來「誠」就是發揮人的本性，得到至善的功夫了。孔子對誠的功夫也多有論述，只是對性與天道沒有太多的說明。以我看來，孔子不是不言性與天命，而是以「仁」說之。仁已包含至善的理念，得仁，也就得天道矣。對於仁，我將另分出一章特說，此處暫不表。

有人說儒在孔孟時代主要是講「親親殺」、「尊尊等」的一套倫理道德論，即「仁義禮智信」那一套東西，對天道並沒有多少涉及。天道是屬於老莊所言的東西。後來後儒發現，若不言天道，儒所言的「仁義禮智信」就沒有根據出處了，也就是沒有了本體論。所以後儒就把《易經》立了起來，作為儒學的本體論依據。魏晉時期的郭向、王弼、向秀以儒學解老莊，做得非常成功；到宋明理學（亦稱「道學」），儒家的「天道」就立起來了。故有人認為《易》並不是儒家的經典，而是道家的經典。老莊的道無哲學，更適合《易》所說的道理，是儒拿道家的東西往其臉貼上的。對此，我倒有些不同的見解。如果說儒沒有天道的理論，那孔子說的「七十從心所欲，不逾矩」如何解釋呢？又其晚年學《易》，對《易》大加贊賞如何解釋呢？《史記》記載孔子拜訪過老子，對老子非常敬佩；《莊子》一書又說孔子晚年歸於道等，都說明孔子心中是有一個天道存在的。否定孔子的學說沒有天道本體論看來很難成立。以我自己的觀解，我認為當年孔子、老子都尊重老

---

[41] 《大學、中庸》，華語教學出版社，1996 年版，第 69 頁。

祖宗的學問，對三皇五帝以來的文化都有研究，但學術路向不同，老子注重悟道，認為講那些仁義道德沒有用，對得道沒有助益，要損至無為；而孔子注重周的禮儀文化，認為禮教文化可以抵達天道。從而兩家得出不同的學問。但其內容都走不脫周文化《易》所包含的東西，只是理解不同而已。可以說，從三皇五帝以來，關於天道的文化一直很流傳。相傳黃帝無為而治，還將帝位讓給許由，許由不答應，黃帝乾脆不要天下，歸隱成仙去了。到了堯、舜，史書記載他們制曆法，成法典等，也不離天道的本體論。中國人尊堯、舜為聖人，所謂的「聖人」，就是做到人道、天道的至極，一個完善的人了。而人們頌揚聖人的功績，恰恰是無為而治。這就是說，聖人治天下，不是靠他的作為，而是靠他的德性召感力而使天下太平的。而德性的至善，就是要通極天道。故孔子強調「不知命，無以為君子」就是這個道理。

我說儒、道兩家對先祖天道看法不同在於兩家悟道的立腳點不同：儒是以世界為一個圓，他站在這個圓的中心點悟道；而老莊是跳出這個圓，在圓外來反觀悟道。以莊子借孔子之口所說的，莊子他們是「方外之人」孔子他們是「方內之人」。儒在世界內，要吃人間煙火，必須講仁義道德論；而道則拋棄這一切，從方外來悟道。儒強調的是「中庸」；老莊強調的是「無為」。我們從儒家的經典《中庸》一書論道亦可以看出，「致中和」就是道的本體。程頤解釋《中庸》兩字說：不偏叫做中，不變叫做庸。中是天下的正道；庸是天下的定理。我們從周敦頤的「太極圖」更能看出儒的天道是怎麼一回事了。原來天道是「一陰一陽」構成的一個圓形，圓內陰陽各半（即陰陽魚圖形），那麼人要悟道，就得站在圓形的正中央點才能體悟到天道。因為站在那一中央點上是陰陽不加相害、毫無利害衝突的地方。假若我們有所動，有所思，有所欲，就偏離了中央點。這樣，不是陰多就是陽少，反之亦然。這就是《易》強調「易，無

思也，無為也，寂然不動，感而逐通天下之故」的奧妙所在。也就是程子所說的中是天下的正道的依據。子思的《中庸》之道，周子以《太極圖》來表明。

　　因儒是在「陰陽魚」圓的正中央悟道，他必須強調性本善。即人天生本來就是善的，與天道是合一的。只是人在生長過程中，不斷作為，人就有很多不良的，騷亂本體的現象出現了，人要得天道，就得修己回歸性本體。後世的一些大儒也看到了這一點。他們說儒是往內修，不是往外求的學問其道理正在於此。假若儒像西方主客體哲學，向外求，其離道心就越遠，不可能求得天道。正是他設立一個人的性本善，人回歸到那個本體，就是完善了。明朝王陽明的「致良知」，也是以此為出發點的。沒有「性本善」，就等於沒有了依歸的本體。法國哲學家薩特強調「存在先於本質」，其意是說，你這個人最終成為怎樣一個人，是由你這個人許許多多的作為存在所決定的。你最終成為一個總統、教授、高級工程師等等，是你經過無數的努力、奮鬥得來的。而以此來說，薩特的「本質」就亂套了，總統我想做，他也想做，大家就爭鬥起來，拿什麼來做標準呢？薩特說憑你自己「良知」做選擇。那什麼是良知的準則呢？這又回到儒家的性本善的問題上來了。你沒有一個底限做準則，如何選擇就成了問題。基督教向外求，也是以外在的上帝為本體的。故儒的天道既然要以《中庸》來求得，就得設立一個「性本善」的「性體」作為依歸。孟子對此領會最到家，強調性善論，而與他晚些時的荀子則沒有看到這點，或說過分強調治道，與孟子唱反調，荀子的主張與法國哲學家薩特近似，比較強調「自為」的作用。有人說孟子講「心性善」，以「集義」作為內在修煉的功夫；荀子則認為善惡是後天形成的，靠的是外在修煉的功夫，所以荀子主張「隆禮」，以禮來規範人的行為。這種看法大致不錯。問題是，儒學為何會分

裂為南轅北轍的看法，出現大相逕庭的學問呢？我看主要就是因為
這個天道問題。

我們從《易》和《中庸》兩書看到，天命（天道）不可說，前
面我們已分析過，他要在極虛靜、無思、無為的境況下才能有所悟
覺。就是說，這個悟覺，是極個人「吾」的事，是「吾」的感悟，
這個天命是不可說的。孔子非常高明，以「仁」說道，但他的仁是
什麼，夫子不說清楚，其仁是沒有一個確切的概念的。當代大儒牟
宗三曾引用宋儒陸象山的話說「夫子以仁發明斯道，其言渾無縫
縫。」[42]為什麼「言渾」呢？牟宗三先生有深刻的論述，他認為到
了知天命的聖人境界，是不可言的，且不可以訓，我們只能從聖人
的「跡」上尋覓。既然這個「天命」不可言說，是非常個體的「吾」
悟的事（可參閱本人論著《通往天人合一之路》，黃花崗雜誌社出
版，2009 年版。一書論〈古人「吾」之哲學觀〉一章），而後儒既
把它與有所作為的「仁義」道德相提併論，這就產生悖論了。仁義
是可言、可訓的道德教條，而天道是「無聲、無臭」，看不見摸不
著的，將兩者並列，聯繫在一起來說就不通了。王弼說天道，不得
不借老莊的道來解；而宋明的道學說多了，則弱化了儒「仁義禮智
信」的道德教化功能。清儒，如黃梨洲、顧亭林、王船山等，都對
宋明儒學空言性學，少談體用很有意見。這些人對宋明理學玄談來
個反動，大講體用功夫。實則前面我們已分析過，你不講天道，則
沒有了本體；你講本體天道，則必須是玄談的（天道無聲無臭）。
我在我的《通往天人合一之路》讚嘆孔子高明睿智，他不把仁的概
念說清楚，對下民眾可以達到教化的功能，對上少數精英，你求索
不盡，仁可以給你安身立命。我們看宗教的功能正是如此。如基督
教的上帝，人是不能超越祂的，祂是萬能的。假如說人的智慧可以

---

[42] 此語引自《牟宗三集》，中國群言出版社，1993 年 12 月版，第 506 頁。

窮極祂，那祂就不是神了。孔子的天命，他是給極聰明的人而設置的，不是作為教化用的，即是給君子踐仁的一個最高境界。「不知命，無以為君子也」(《論語・堯曰》)，《中庸》說，「夫焉有所倚，肫肫其仁，淵淵其淵，浩浩其天，苟不固聰明聖知達天德者，其孰能知之？」[43]那些小人百姓，是不能理解天道的。即使你認為得了天命，成為聖人、神人，你也不能說，說出來就不是聖人、神人了。孟子有說，「聖而不可知之之謂神」[44]出來就被人知道了，這怎麼是「神」呢？故天命是不可說的，我們所要做的，只是不可說而說之，這個功夫就是「玄談」。天道不用玄談的功夫是不可能「知天命」的。我稱儒這個「天道」為意中之意，儒先把天道說成是萬物、萬事演變的規律，宇宙運行的法則，然後用人的意識去包裝這個天道，而此就知天命了。這個知天命與康德的「實踐理性」相類似，也是作目的論靜觀的功夫。清儒指責宋明理學空言性命是無道理的。沒有「知天命」，儒家的理論就欠缺了，其完善論就不可能成立了。但我們從清儒批判宋明理學中亦可以看出儒的天道與人道有脫節：盡管孟子用「集義」來達到其所謂的「浩然之氣」與天道貫通；朱熹講理和氣互相辨證，最終達致天人合一。但我們從歷代儒家得天命的論述來看，即聖人得天道來看，都是作無體、無為的功夫的。既然聖人無體，不可言，且又不可訓，那聖人的那個境界，與你儒那套講立教貫體，講有所作為，可以言，又可以訓的仁義道德是否是相通的呢？顯然是矛盾的。我讀大儒牟宗三的書，覺得有一個不可思義的是，他說佛、道都能圓達至善，但這個圓是偏圓，不是正圓，唯有儒才是正圓，最完善。牟先生何以有偏圓與正圓之分呢？原來牟先生認為，佛、道沒有儒家講生生息息的創生論，即

---

[43] 《大學、中庸》，華語教學出版社，1996 年版，第 101 頁。
[44] 孟子：《孟子》，台灣智揚出版社，民國 83 年版，第 405 頁。

沒有講「仁義禮智信」的道德論，佛是直接跳到「空、寂」的清淨心去圓善；道是直接跳到「虛無」的無為心去悟道。故兩者均為偏圓，而儒家才是正圓。但牟宗三先生論到最高圓善的境界時，儒、道、佛都可與天地溶為一體，達致完善的境界。就是說，這三者所達的最高境界都是一樣的（見牟宗三《圓教論》）。那麼，下面儒所講的「仁義」道德論、佛所講的「空、寂」論、道所講的「損無」論就是方法論。即採取何種方法達至圓善。而在最高善那裡，是無對、無執、無矛盾狀態下的善，用牟先生的話說，就是「聖人無體，又不可以訓」的圓善境界。那麼佛、道所講那套「空、寂」、「損無」的方法論就比較直接了當，是正確的方法論了。既然人的所作所為都是有對有執的，對圓善沒有好處，我們就應當排除掉它。以此來看，儒所作的仁義道德論，所執著的教化，對最高圓善來說，是多餘的了。你儒說了那麼多的道德教化論，如何「仁義禮智信」，最後還得講「易，無思也，無為也，寂然不動，感而逐通……」的方法論。這與佛、道「空、寂」、「損無」的方法論有多大的差別？故我說儒將道德教化與天道直接捆綁在一起，以可說的「仁義道德」來說天命是多此一舉。實則兩者沒有必然的聯繫。

論到此，我們就可以想見何以儒的「天命」論會如此命運多舛。《莊子》一書記載說孔子老年歸道，而後儒極力否認。但到了魏晉時期，王弼等不得不用老莊的道來注釋儒的「天道」。宋明的理學（天命）談得太多了，反而被清儒認為是道德教化功用衰敗的罪惡禍首。他們認為王陽明後的弟子清談無為的功夫說得太多，把「體用」的功夫給廢了。甚至有的把明朝滅亡的罪責也推給他們。這是自孔子以仁發明斯道以來，一直為後儒所誤置的問題。

孔子何以不「打開天窗說亮話」，將天命攤開來說？實則是不可為也。「天何言哉？」所以「夫子以仁發明斯道，其言渾無罅縫。」（陸象山語，見上引）象山既知夫子之不為，但他既讚嘆孟子的做

法，他接著說「孟子十字打開，更無隱遁」。實質上，以我看來，孟子這一「十字打開」，是破壞孔子「知天命」——「不可得而聞之」的學說。你十字一開，就不是圓了。儘管孟子有「聖而不可知之之謂神」的說法，但其用「仁、義、禮、智、信」來詮釋孔子的全部學說，是有些過猶不及的。孟子雖氣魄龐大，道貌雄偉，但其對孔子「七十從心所欲，不逾矩」的「知天命」境界還是有所欠缺的。從觀《孟子》一書，其最精彩的就是「辨言」，即對孔子的「知言」作進一步的發揮。他對儒家「義」的道德功能作了很好的詮釋，但對天命觀則起到誤導的作用。他用「集義」的方法來達到知天命的君子境界，實則是一種錯置。我們從《易》和孔子的言論可以看到，「知天命」與「知人」可說是兩回事，後儒不知深厚，亦以為孟子的「集義」可以知天命。而「易，無思也、無為也、寂然不動，感而逐通」與「集義」的道德作為有關係嗎？孟子以「集義」來充達其「浩然之氣」，以此來說「知天命」，實則其與德國哲學家黑格爾的「絕對精神」很相似。黑氏以辨證法從無到有，進行「否定之否定」的辨證統一，最後宣稱得到了上帝的絕對精神。這種用理性的思辨方式來理解「天命」，我看與孔子「不可得而聞之」的天道是有所不同的。現代儒學家熊十力先生，用《易經》的「辟」和「翕」來解析天道與黑格爾的辨證統一亦很相似。「辟」為乾，「翕」為坤，兩者無、有之間進行辨證。「辟」雖是無，但其包含有，翕雖是有，但其又可化為無，萬物生生滅滅，忽生忽滅，如此生生息息變化無窮。熊先生還有個很生動的比喻，他用「大海水」和「眾漚」來說明乾道無和坤道有的關係：大海水，無論你有多少江河注入，下多少暴雨，它不會加多一點；或你江河斷流，久不下雨，它也不會減少一點。「大海水」，它是沒有變化的，這就是無。但大海水是由一滴一滴的水組成的，沒有眾漚，其也就不可能成為大海水。那麼，「眾漚」，就是有量可變化的實相了。熊先生如此從無到有，從有

到無地來回論述，從而闡述出儒的天道來（見熊十力的《新唯識論》）。無獨有偶，讀熊先生這個論述，我倒想起莊子的道來。莊子藉「光耀」與「無有」來論道，「光耀」問「無有」：你到底是有，還是無有？「無有」一句話也不答。光耀仔細看，什麼都沒有，既看不見，亦摸不著。「光耀」不得不感嘆說「至矣，其孰能至此乎？予能有無矣，而未能無無也。及為無有矣，何從至此哉？」[45]熊先生說的這個儒道，也就是「光耀」「能有無矣」的道。（光雖然摸不著，但有黑暗對比就看得見光了，所以「光耀」說他可以做到有無。）而不是「無有」那個「無無」的道。我稱此種「天道」為意中之意。即造就一個無所不包的天道理念，然後將其道德倫理的「仁義禮智信」包羅進去。說到天道時是無，說到道德倫理時是有，上下來回說，這個天道，是用一個意識包裝另一個意識，看似不可說，實際上是可說。後儒將孔子「言渾」的天命學打開，這是否是孔子的原道？這就造成儒學歷史上的分野，所謂的「見仁見智」。有見仁則不見智，有見智則不見仁。寫到這裡，我不得不讚嘆孔子的偉大，他被尊為「聖人」當之無愧。他用一個「仁」字發明斯道，「吾道一以貫之」[46]下則教化芸芸眾生，上則讓聰明透頂的人體道韻味無窮，其奧妙全在這個「仁」的「言渾」，不能把仁說清楚，說明白就破壞了「知天命」的君子神聖境界了。孔子說，「不知命，無以為君子也」[47]。原來孔子的「知天命」是給君子而設的，是給那些極聰明、非常有智慧的人，在窮盡「知人」（知言）的基礎上進一步追求的一個目的，一個觀念。這個「天命」以孔子來說是可知的（「五十而知天命」），但不可言說。正如牟宗三先生引用古人羅近

45　莊子：《莊子正宗》，華夏出版社，2005 年 1 月第一版，第 382 頁。

46　《論語》，藍天出版社，2006 年 8 月第一版，第 69 頁。

47　《論語》，藍天出版社，2006 年 8 月第一版，第 397 頁。

溪的話說，「真正的仲尼臨終不免嘆口氣。」[48]牟先生稱聖人無體，不可言，又不可以訓。這就是說，「知天命」完全是「在其自己」的事，拿來說一說都不可以，天機不可洩，後儒拿來說，這就犯了天條了。宋儒朱熹還將天道發展到「存天理，滅人性」的地步，將君子聖人悟道的方法打開來說，說句不好聽的話，叫做後儒用心良苦，反而壞了孔子的道。正如西方那些聰明睿智的哲學家，他們想用理性證明上帝的存在，這怎麼可能呢？你能說明祂，祂就不是萬能的了。孔子的天道，正是如此──「天何言哉？」孔子這個「知天命」，是君子之道，是專門為君子設置的大學問。「不知命，無以為君子也」。這可不是一般老百姓的事，這是做君子的事。我們從孔子另一句話亦可以證明「知天命」是君子之學。孔子說，「君子有三畏，畏天命，畏大人，畏聖人之言。小人不知天命而不畏，狎大人，侮聖人之言。」[49]只有君子知天命才對天命產生敬畏，小人不知道天命是怎麼一回事，所以他是不怕天命的。也可以說，「知天命」是君子的專利，小人是沒有能力，也不可能理解天命的。

---

[48] 《牟宗三集》，群言出版社，1993 年 12 月第一版，第 291 頁。
[49] 《論語》，藍天出版社，2006 年 8 月第一版，第 336 頁。

孔學三大組成部分

　　我們說了孔子「知禮、知人、知天命」這三大學說，就知道孔子的為學宗旨是什麼了。他是以「知天命」作為最高理念，以禮作為實踐行為，以知人之辨作知識論來鞏固禮的實踐行為。這三者是互相聯繫的有機體：不知禮，無以為立，做人就沒有立足點；有了禮，但不知人，不懂得辨別人世間的善惡、是非、小人君子等，就不能提升自己的道德品質，沒有崇高的道德品質，就失去禮與天命通達的橋梁。正如《中庸》所說的：「故君子之道，本諸身，徵諸庶民，考三王而不繆，建諸天地而不悖，質諸鬼神而無疑，百世以俟聖人而不惑。質諸鬼神而無疑，知天也；百世以俟聖人而不惑，知人也。」[1]孔學的三大內容，就是「知禮、知人（知言）、知天命」。在我看來，後儒對孔子學說的解釋是有偏差的。孟子把孔子學說的內容理解為「仁、義、禮、智」四大部分，他把此比喻為人的「四體」。他說「惻隱之心，仁之端也；羞惡之心，義之端也；辭讓之心，禮之端也；是非之心，智之端也。人之有是四端也，尤其有四體也。」[2]後儒把儒學總括為「仁義禮智信」五字，大概來源於孟子這「四端」。但孔子雖以仁來貫穿其整個學說的內容，但其講的並不限於這「義、禮、智、信」。在《論語》裡，孔子講義不多，講「誠」，講「恭、寬、信、敏、惠」，

---

[1]　《大學、中庸》，華語教學出版社，1996 年第 1 版，第 91 頁。
[2]　《孟子・公孫丑上》，台灣揚智出版社，民國 83 年版，第 87 頁。

講「小人、君子、士、鄉愿、黨人」等，何限於「義、禮、智、信」？如以《周易》、《大學》、《中庸》解孔子的學說，即是「」知禮、知人、知天命「三大部分，孔子以仁來貫徹這三大內容。在整部《論語》，大部分是講「知人」學說。早在遠古的堯舜時期，帝王將相，就非常注重這個「知人」學說。《尚書・皋陶謨》有說：「皋陶曰：都，在知人，在安民，知人則哲，能官人；安民則惠，黎民懷之。」[3]堯年老用人不當，聽了百工的話，用鯀治水，非常失敗。後來舜帝善用人才，任人唯賢，治權獲得很大的成功。他用鯀的兒子禹治水就是一列。皋陶對禹說這番話，意在強調知人的重要性。後來的君師，都強調做帝王的要「知人」才算是一個明君。《論語・堯曰》說，「不知言，無以知人也。」在孔子時代，顯然也是非常重視這個「知人」學說的。孟子也強調他「我知言，我善養吾浩然之氣。」[4]荀子也非常注重講「辯言」，實質也是在講「知人」學說。不過孟子以義來「知人」，荀子則以禮來「知人」。前者注重內在的心性義理，後者注重外在的禮法行為。兩者都是在說堯舜「知人則哲」的學說。

　　我之所以將孔子的儒學內容定為「知禮、知人、知天命」三大部分，是我讀《論語》後產生一個迷思：後儒說孔子的學說是講「仁、義、禮、智、信」，但我發現《論語》不單講這五者，還講許多做人的道理。特別是用「智、信」來概括孔子「知人」學說的內容最有欠缺。在《論語》裡，與其說講「智」的內容很多，倒不如說講「君子、小人」的內容更多；與其說講「信」的內容很多，倒不如說講「誠」的內容更多。而且還有講「士、鄉黨、孝、悌、勇、廉、恥、恭、寬、敏、惠、」等，這些都是孔子的

3　《尚書・今古文全璧》，岳麓書社出版，2006 年 3 月第 1 版，第 11 頁。
4　《孟子・公孫丑上》，台灣揚智出版社，民國 83 年版，第 72 頁。

「知人」學問。孔子的學生在《論語》最後章節以聖人堯曰「知禮、知人、知天命」來總結孔子的學說是有其深遠意義的：孔子自稱「述而不作」，表明這個道不是孔子自創，他是在發揚繼承聖人的道，其由來是有根據的。而孔子既已完成聖人所行的道，那麼孔子就同等於聖人堯的地位了。

關於孔子的「仁」

儒學有二大詭弔：一是孔子發明的學說，不叫孔學，而叫儒學，而且儒的真正概念是什麼也沒有說清楚；二是孔子學說最核心的關鍵詞「仁」沒有一個確切的概念、定義。什麼叫做仁？孔子也沒有說清楚。

《論語》記載孔子說「仁」很多，據統計，仁字出現一百零九次。其對不同的場合和不同的人有不同的說法。我們試舉幾個例子：

「君子務本，本立而道生。孝悌也者，其為仁之本與！」[1]看來仁的本義是「孝悌」了？

接下又說，「子曰：巧言令色，鮮矣仁。」[2]這就是說，花言巧語的人是沒有仁的。在〈子路〉篇也有說「剛、毅、木、訥，近仁」，那麼，剛強、有毅力、誠實、不多話就是仁了？

「子曰：苟志於仁矣，無惡也。」又說「唯仁者能好人，能惡人。」[3]看來仁就是善了？

「子張問仁於孔子，孔子曰：『能行五者於天下，為仁矣。』請問之，曰：『恭、寬、信、敏、惠。恭則不侮；寬則得眾；信則任人焉；敏則有功；惠則足以使人。』」[4]看來能實行這五項規範就是仁了？

---

[1]　《論語》，藍天出版社，2006 年 8 月第一版，第 3－4 頁。
[2]　《論語》，藍天出版社，2006 年 8 月第一版，第 3－4 頁。
[3]　《論語》，藍天出版社，2006 年 8 月第一版，第 62 頁。
[4]　《論語》，藍天出版社，2006 年 8 月第一版，第 349 頁。

　　而更讓人覺得費解的是，「子曰：知者樂水，仁者樂山。知者動，仁者靜；知者樂，仁者壽。」[5]前面子張問仁的時候，孔子不是說要「行五者於天下」嗎？所謂的行，不就是動了。何以此處孔子又以「仁者樂山、仁者靜、仁者壽」而說之？這個仁好像是無為的靜功夫而不是動態的「知者」行為。而更讓人覺得奇怪的是，孔子不僅知道仁是怎麼一回事，他求仁，仁馬上就得到（「吾欲仁，仁斯至矣」），而且他還知道別人心中的仁能維持多久：「子曰：回也，其心三月不違仁。」[6]為何是三個月？而不是四個月或說五個月？孔子真像《西遊記》的孫悟空，他可以看透顏回的心。直指「其心三月不違仁」，顯然孔子的內心是有一個仁的標準的，他用這個仁的準則來判斷顏回。但這個仁的標準是什麼，孔子沒有說出來。而在〈公冶長〉篇，子張與孔子的對話，孔子沒有像評判顏回那樣直截了當說仁或不仁：「子張問曰：令伊子文三仕為令伊，無喜色，三已之，無慍色，舊令伊之政，必以告新令伊，何如？子曰：「忠矣。」曰：「仁矣乎？」曰：「未知，焉得仁。」[7]令伊子文仁不仁？孔子答「未知」，似乎仁不僅要看外在的表現，而且還要看內在的德性。同樣是孔子的學生，孔子就知道顏回仁不仁，仁到何種程度，但對子路、冉求、公西赤等仁不仁，他就說不知道了。「孟武伯問：「子路仁乎？」子曰：「不知也。」又問，子曰：「由也，千乘之國，可使治其賦也，不知其仁也。」「求也何如？」子曰「求也，千室之邑，百乘之家，可使為之宰也，不知其仁也。」「赤也何如？」子曰：「赤也，束帶立於朝，可使與賓客言也，不知其仁也。」[8]孔子對這三個學生的能力瞭解得非常清楚，他們能勝任什麼樣的工

5　《論語》，藍天出版社，2006 年 8 月第一版，第 116 頁。
6　《論語》，藍天出版社，2006 年 8 月第一版，第 103 頁。
7　《論語》，藍天出版社，2006 年 8 月第一版，第 92 頁。
8　《論語》，藍天出版社，2006 年 8 月第一版，第 83 頁。

作，孔子都一一點明。但說到仁不仁，孔子既說不知道。這個仁，也是夠神祕的了。

有人說《論語‧顏淵》篇是專講仁的。我們來看看此篇是如何說仁的：

「顏淵問仁。子曰：克己復禮為仁。一日克己復禮，天下歸仁焉。為仁由己，而由人乎哉？」[9]這就是說，克制自己，使自己的言行合乎禮儀法度，就是仁了。並且做得到或做不到仁是你自己的事，由不得他人。孔子進一步指點顏淵說，「非禮勿視，非禮勿聽，非禮勿言，非禮勿動。」[10]這就是說，你做到一切符合禮儀法度，就是仁人了。那麼，這個「仁」不就是等於禮了？而仲弓問仁，孔子又是另一種說法，「出門如見大賓，使民如承大祭，己所不欲，勿施於人，在邦無怨，在家無怨。」[11]出門時如迎接貴賓那樣肅整，差使民眾如大祭時那樣謹慎認真，我自己不想要的東西，也不要強加於別人，在國在家都做到毫無怨言，這樣就是仁了。這個說法，有點近似現代人說的「憑自己的良心認認真真做事，對得起上司，對得起民眾，國事、家事都做得融恰和諧，沒有一點怨言」。這是孔子對仲弓說的仁意涵。而孔子對司馬牛又是另一個說法，「司馬牛問仁，子曰：「仁者，其言也訒。」曰：「其言也訒，斯謂之仁矣乎？」子曰：「為之難，言之得無訒乎？」」[12]這裡孔子說做事不容易，你能做到語言慎重溫婉就是仁了。可以說，如果我們依孔子在《論語》說仁的話來解釋仁，仁的確切概念、定義是什麼？這是很難說清楚的。如果我們認為孔子不把仁的概念說清楚，是孔子自己對仁的概念沒有弄清楚那就錯了。有

---

[9] 《論語》，藍天出版社，2006 年 8 月第一版，第 222 頁。

[10] 《論語》，藍天出版社，2006 年 8 月第一版，第 222 頁。

[11] 《論語》，藍天出版社，2006 年 8 月第一版，第 223 頁。

[12] 《論語》，藍天出版社，2006 年 8 月第一版，第 223 頁。

個學生叫宰我的打個比方問孔子,「仁者,雖告之曰,井有仁焉,其從之也?」孔子聽了這話很生氣,說:「何為其然也?君子可逝也,不可陷也;可欺也,不可罔也。」[13]孔子心中顯然對仁是有個確切的定義的,不然他就不會對宰我這樣不倫不類的發問生氣了。從孔子的答話可以看出,孔子認定宰我是在胡說八道,誣蔑他的「仁」。從孔子說仁中得不到其確切的概念、定義,我們從其他方面看看是否有其確切的概念定義?《易‧繫辭下》有云:「天地之大德曰生,聖人之大寶曰位,何以守位曰仁,何以聚人曰財,理財正辭,禁民為非曰義。」[14]

天地最大的恩德,就是創造出我們這個有生命的世界;聖人最大的寶座,就是守住大德道生的位置;如何守住其位置就叫做仁;如何凝聚人力就叫做理財;理財有正當的言辭,禁止民眾為非作歹就叫做義。〈繫辭〉這個說辭,用「三材之道」的說法,即「天、地、人」,天地廣生萬物,人,這個最有靈性的生命,如何在天地之間安身立命呢?聖人有一個大法寶,就是他總是能在天地大德的道上安身立命。何以守位叫仁,那麼,就是你如何能守住生生之大德的天地之道。仁,軀人傍,上下兩橫代表天地,這不就是人站立在天地之間嗎?仁,就是人如何在天地之間安身立命,就是如何侍賴天地,守住天地之道,也就是《中庸》所說的「建諸天地而不悖」的意思。《易‧繫辭傳》解釋仁是很妥切的。仁人,就是不離道本,守住天地之大德本道。「道也者,不可須臾離也,可離非道也。」[15](《中庸》)而能坐上聖人大寶(天道)這個位置,並非容易的事。以《中庸》來說,叫做「致廣大而盡精微,極高明而道中庸」,要「慎其獨」才能體悟到這個道。故能做到仁人,也可以說是聖人了。

---

[13] 《論語》,藍天出版社,2006 年 8 月第一版,第 119 頁。

[14] 《周易正宗》,2004 年 1 月第一版,第 647 頁。

[15] 《大學、中庸》,華語教學出版社,1996 年版,《天命章》第 3 頁。

如何守位曰仁，那麼仁就是儒家聖征的方法論。只要你做到仁，就達到知天命之境界了。如何守位呢？所以孔子就說，「克己復禮為仁」。你用禮來匡正你的一切行為規則，使一切所欲所為都符合天道。這就是禮的功能。以禮踐仁，符合禮數也就等於做到仁了。而仁是守住天道那致深致微的大寶位置，這個大寶之位要由你自己的心性來完成。故孔子說「仁者樂山，仁者靜」，又說「為仁由己」。仁，是由你自己在「無思也，無為也，寂然不動」的心性感悟下而得的。所以孔子有時答他的學生某某是否做到仁則說「不知其仁也」，「為仁由己」，這實在是不好說。孔子這個「仁」，確是有些含糊其詞，但你要找出它的毛病，又找不到。其下，則與道德倫理相聯結，其上，則與天命相聯繫。所以宋儒陸象山說「夫子以仁發明斯道，其言渾無罅縫」。上面我們也論述過，孔子用其仁來「言渾」貫穿整套儒學道德論的。我們現在再來看看，孟子是如何將孔子的「仁」打開來說的：

孟子說：「今人乍見孺子將入於井，皆有怵惕惻隱之心……惻隱之心，仁之端也。」[16]（《孟子・公孫丑上》）。這個「惻隱之心」就是同情心，愛心，善心，引發人有這個仁源頭就是人的「惻隱之心」。

孟子說：「仁也者，人也，合而言之，道也。」又說，「人皆有所不忍，達之於其所忍，仁也。」（《孟子・盡心下》）[17]。孟子在這裡說仁是人，人有所忍，是有別於禽獸、動物而說。他有一句著名的話，叫「人之所以異於禽獸者幾稀。」（《孟子・離婁下》，前已有引注）孟子的仁，即人道，是關於人的性善論。人性本善，是有別於禽獸的。但能做到這點，在人類世界來說，是很稀少的，只

---

[16] 孟子：《孟子》，台灣智揚出版社，民國 83 版，第 410 頁。

[17] 孟子：《孟子》，台灣智揚出版社，民國 83 版，第 410 頁。

有君子，像舜這樣的人才能做到。所以孟子這個仁，他雖說是人，但這個人要做到至善才算是仁。

他並不是說一般的人就是仁。孟子又說：「仁之實，事親是也」，還說「愛人不親，反其仁。」[18]這裡孟子強調仁的實質意義就是「事親」。我們知道，儒、墨兩家在歷史上曾展開大辯論，墨家極力反對的就是儒家這個「事親」（親親殺）。墨子主張「兼愛」（莊子稱為「泛愛」），如果我們以現代人的眼光來看，「兼愛」，就是愛所有的人類，這不就是「博愛」嗎？你儒家的仁既然是至善，那麼仁就是愛天下所有的人。那墨子說的「兼愛」就不錯了，儒為何要反對呢？原來孟子這個「事親」的仁，還是在道德倫理上的仁，並沒有天道上的仁。孟子在這裡的意思是說，你口口聲聲說愛人，但你連自己的親人都做不到敬愛，這不是違反了仁的本性了嗎？孟子的仁，說到底還是所謂的「合而言之，道也」，這個道就是人道。與孔子「知天命」所達仁的境界是有所區別的。我們從佛教的出家人來看孟子這個問題就更清楚：佛教的出家人說是普渡眾生，這當然是愛人類的表現。但是你既離家出走，家人的生死，有沒有飯吃你都不管了，這怎麼能說普渡眾生呢？這在孟子「事親」的仁來看，是不能接受的。其實，我們都知道，此舉非彼舉，這是兩回事。佛家說的你不割斷這個緣，就不可能修煉。孟子所做的，就是非要把人道這個「緣」與知天命的這個仁繼上，扯上直接的關係，把「事親」說是仁的實質，這就產生矛盾了。類似這樣的矛盾在《孟子》裡很多。孟子把「仁、義、禮、智」比作人的四體，仁為首端，其他為手腳之類。如以人的四體來說，手腳斷了，雖四肢不全，其頭腦還是可以思想的。但以孟子對其他「義、禮、智、信」的解釋，缺一不可，缺少某一項都不可能抵達仁。如孟子說，「夫義，路也；

---

[18] 孟子：《孟子》台灣智揚出版社，民國 83 年版，180 頁

禮，門也。惟君子能由是路，出入是門也。」[19]沒有禮義，則無門可入，無路可走了，仁何以體現呢？孟子還用「辯言、集義」的方式達到其「浩然之氣」。這是孟子用智來求仁的一個例子。孟子也講用誠來抵達知天命：「是故誠者，天之道也。思誠者，人之道也；至誠而不動者，未之有也；不誠未有能動者也。」[20]孟子的「誠」也是思辨的。他的「至誠」包含著「動」的辨證，即靜中有動。也就是說，孟子的誠是有所作為的。這與孔子說的「仁者樂山，仁者靜」在我看來是不同的。孟子的「仁」，有點類似黑格爾的精神辨證法，它是可辨證的。「孟子曰：萬物皆備於我矣，反身而誠，樂莫大焉。彊恕而行，求仁莫近焉。」[21]孟子這個仁，就是在自我精神的辨證中，自認「萬物皆備於我」後而「自得」。孟子在其〈離婁下〉一文中說得更清楚：「君子之深造之以道，欲其自得之也。自得之，則居之安；居之安，則資之深；資之深，則取之左右逢其源，故君子欲其自得之也。」[22]如果我們將孟子「自得」之道與牟宗三先生說聖人無體，不可言且無可訓來看，孟子這個「仁」，還是「有執的存有論」。如依莊子說的「至人無己，神人無功，聖人無名」[23]來看，這三者孟子都未能達到。孟子是先立其大者，就像黑格爾先劃一個圓圈，然後把小的都裝進這個大者（圓圈）內，而已來實現其自我完善。

孟子對孔子的仁作「十字打開」，反而敗壞了孔子作為最高境界的「仁」的圓融性。後儒將孔子的仁解釋為「博愛」，所謂「仁者愛人」，以我看都肇因於孟子的「十字打開」。仁當然包含博愛、

---

[19] 孟子：《孟子》，台灣智揚出版社，民國83年版，第286頁。

[20] 孟子：《孟子》，台灣智揚出版社，民國83年版，第191頁。

[21] 孟子：《孟子》，台灣智揚出版社，民國83年版，第350頁。

[22] 孟子：《孟子》，台灣智揚出版社，民國83年版，第216頁。

[23] 莊子：《莊子・逍遙遊》，華夏出版社。

愛人的成份，但仁並非單指博愛的意涵，上面我們已作過分析。韓愈一句所謂的「博愛之謂仁」（韓愈〈原道〉）後儒也跟著起哄，特別是近代的學者康有為，認為仁為二人從，即愛人，也就是博愛。以康有為這個說文解字的解釋，我倒以為我以《易經》「三材之道」來說更妥切：驅人旁，上下二橫代表天地之道，即人如何在天地之間安身立命就是仁。這樣說仁，就把孔子所說仁的意涵包羅進去：「克己復禮為仁」、「仁者樂山，仁者靜」，為何他知道顏回「其心三月不違仁」，而對其他學生則知其所任，但不知其仁。孔子這個仁，是可以直達天命的。是在君子知天命的境界上的。所以「子罕言利與命與仁」[24]。「利」與道德不和，不可說；「命與仁」，則是不好說。如韓愈、康有為之所說仁為博愛的話，那麼墨子所主張的「兼愛」不是更能表現出「仁」的性質嗎？這個「兼愛」，就是愛普天下的人類，這就是博愛。何以你儒要反對呢？孟子說「愛人不親反其仁」，在利益衝突的時候，你親你的親人，當然就排擠愛別人。明顯你的愛人是有等級的，那你如何做到「博愛」呢？孟子他們如此說是矛盾的。我並不是反對儒家講「親」的道德觀，而是反對其將親與仁捆綁在一起。其實，我們從孔子說仁情況來看，孔子這個仁是天人合一最境界的至善，它與道德論的說教是有所不同的。我們看到，子思在《中庸》無論如何說「天命之謂性，率性之謂道，修道之謂教」，曾子在《大學》無論如何說「大學之道，在明明德，在新民，在止於至善」[25]，以及孟子所說的「集義」，都不能不承認在達到最高境界的道上，是一種非常神祕、微妙、不可言說的境界。這種境界，後儒稱為「無極而太極」（見周敦頤的《太極圖》）。既已「太極」，何來所謂的「教」、「愛人」、「新民」及「集

---

24 《論語》，藍天出版社，2006 年 8 月第一版，第 170 頁。
25 《大學、中庸》，華語教學出版社，1996 年版，第 3 頁。

義」等等？用《易‧系辭傳上》說的，叫做「神無方而易無體」。這個「太極」，是沒有「量智」（熊十力：《新唯識論》）的。即他沒有「方」，也沒有「體」。你如何表達呢？魏晉的儒者，用老莊的道來釋儒的天道，宋儒的道學，又滲入佛家禪宗的一些東西。但因其堅持要把道德倫理學與天道緊密地聯繫一起來說，未免有些落差。說天道時，要靜，說道德時，未免又要動，在動靜的辨證過程中達致統一。故我說儒是在《太極圖》的中心悟道，並不是老莊圓圈外（莊子藉孔子說的「方外」）悟道。老莊的道是不受動的影響的，而儒的道是受動的影響的。因為儒要講「生生息息」，講「陰陽」互動之道；而老莊的道是要進入「無生死、無古今、無物累」的「朝徹」境界。孔子是在「無思也，無為也，寂然不動」的「陰陽魚」中心頓悟了道。順間他一回到「生生息息」的世界，他就會變動不易，那個道就流失了。我們分析了儒道與老莊道無的不同，就明瞭孔子何以不把他的「仁」說清楚，要「言渾」無確切概念和定義。孟子不解其中奧妙，將其十字打開，這就苦了後來的儒者。我們從明末清初的各路儒者反思明亡就可以看出，他們不敢罵聖祖孔子不把「仁」說不清楚，就拿王陽明來開刀，怪罪陽明的「良知」太過清靜無為，以致敗落了儒家的剛性致用功能，從而導致明朝滅亡的命運。陽明若九泉之下有知，對此指責也會覺得可笑的。在我看來，陽明對於天命的體悟，最為深入，是深得孔子聖人之道的。他的「無我」、「愚夫、愚婦皆可為聖人」的提法，是與孔子仁的最高境界同體的。達到天道境界，已無智慧可言，何來分辨？陽明在《大學問》說，「大人者以天地萬物為一體者也。……大人能以天地萬物為一體也，非意之也，其心之仁本若是其與天地萬物而為一也。」這是一種心性的體悟，並非意識的構造。後儒把孔子的仁說成是「惻隱之心」，又說「仁也者，人也」，把仁同等於「愛人」、「博愛」等等，都是一種意為的構造，這對孔子的仁，只能說是知其一而不知其

二。《易·系辭傳下》說：「天地設位，聖人成能。」[26]天地大寶位置已設定，那就待聖人「何以守位曰仁」了。你如何能守住天地之間給你設定的最佳位置就是仁。而這個最佳的位置在那裡呢？就是孔子的孫子子思所說的《中庸》，所謂的「中庸之道」。他是在陰陽魚太極圖的正中央的位置。程頤解釋《中庸》說「不偏之謂中，不易之謂庸，中者天下之正道，庸者天下之定理。」[27]守住「中庸」這個「絜矩」之道，就做到仁了。為什麼要「絜矩」呢？原來儒的天道要講一個範圍的。即在陰陽運作的範圍內而說的道。超過這一陰一陽就不是道了。故孔子說他「七十從心所欲」時，後面還要加上一句「不逾矩」。我們以周敦頤的《太極圖》說儒道，我看是非常貼切恰當的。從而我們就體悟到孔子何以不把仁的定義、概念說清楚。所謂的「極高明而道中庸」（《中庸》）是也。當你「無思也，無為也，寂然不動，感而逐通天下之故」[28]時，你還能說什麼呢？你只能感嘆說「非天下之至神，其孰能與於此？」[29]（《易·系辭傳上》）。仁，就是人在天地（乾坤之道）之間，取得最佳的生存境地。即所謂的安身立命。以一個成語來解釋仁，亦可稱為「頂天立地」，能做到頂天立地，你也就知道做到仁確實不簡單了。《易經》所取「三材之道」以作卦，所謂的「以定天下之吉凶」[30]（《易·系辭傳上》），無非是給人卜出最大的生存空間。人，在何時、何地，如何做，才能避凶就吉，取得在天下最有利的生存地位？這就是《易·系辭傳下》所說的「何以守位曰仁」的奧秘所在。仁，就是如何守住天地給我們的這個「生生」之大寶座，即符合天地運轉的

---

26 《周易正宗》，華夏出版社，2004 年 1 月北京第一版，第 676 頁。
27 《大學、中庸》，華語教學出版社，1996 年版，《中庸》第 1 頁。
28 《周易正宗》，華夏出版社，2004 年 1 月北京第一版，第 631 頁。
29 《周易正宗》，華夏出版社，2004 年 1 月北京第一版，第 631 頁。
30 《周易正宗》，華夏出版社，2004 年 1 月北京第一版，第 637 頁

生存之道也。有人說，仁，即人道，即人安身立命之道，這話看來好像不錯。孟子也說過「仁也者，人也，合而言之，道也。」[31]但如果依孔子所說仁的意思來看，說仁是「己道」更為確切些。仁，不是他人之道，是你自己的道。孔子說，「克己復禮為仁，一日克己復禮，天下歸仁焉。為仁由己，而由人乎哉？」[32]這個仁，說來說去，都是你自己的事，不是別人的事。一切由你自己，看你如何「克己」。孔子在這裡說得再明白不過了，為仁，是個人的事，是你本人的事，不是他人的事。後儒為了將這個仁提昇為普遍的道德價值，把仁說成是愛人，是博愛，是人道，以我看來，似有些難為孔子之意。如果我們將孔子說的「古之學者為己，今之學者為人」[33]以及孟子的「君子之深造之以道，欲其自得之也」[34]聯繫來看，更能證明這個「仁」就是為自己，不是為他人。一切都是為了「自得」，這是君子的最高學問。

自漢武帝推崇董仲舒「罷黜百家，獨尊儒術」後，後儒為了提高儒普世道德價值，將孔子的「仁」泛道德化。董仲舒是繼孟子後，把仁解釋為「愛人」的儒者。他在他的《春秋繁露‧仁義法》裡說：「春秋為仁義法，仁之法在愛人，不在愛我；義之法在正我，不在正人。我不自正，雖能正人，弗予為義；人不被其愛，雖厚自愛，不予為仁。」[35]他把孔子「為仁由己」的內在「己道」轉而向外擴展，說仁是愛人。你如何自愛，他是不承認你為仁人的，只有你去愛別人，愛普羅大眾，才稱得上是仁人。而做得最突出的，就是唐代的韓愈了，他在他的〈原道〉一文中稱仁為「博愛」（「博愛之謂

---

[31] 孟子：《孟子》，台灣智揚出版社，民國83年版，第398頁。

[32] 《論語》，藍天出版社，2006年8月第一版，第222頁。

[33] 《論語》，藍天出版社，2006年8月第一版，第284頁。

[34] 《孟子‧離婁下》，台灣智揚出版社，民國83年版，第216頁。

[35] 《儒學與社會現代化》，廣東教育出版社，2004年10月第1版，第57頁。

仁」），企圖將仁提高為一種普遍的道德價值。如果說「博愛之謂仁」，那最能稱得上仁人的，就是墨子創立的墨家了。他們毫不利己，專門利人的墨家精神，最能體現「博愛」兩字，何以儒要極力反對墨家呢？可見後儒已將他們的理論陷入一個悖論之中。清末學者康有為，偽托孔子改制，以說文解字來說仁，說「仁從二人，人道相偶，有吸引力之意，即愛力也，實電力也。」[36]康有為繼承韓愈將仁泛化為「博愛」的說法，此義雖有孟子所說的「愛人」為仁本，但以孔子所說的仁以及《易經》所說的仁來看，「愛人」不可能包涵仁的觀念。如果以「愛人」那麼簡單的定義，孔子早就把它說清楚了。何以仁不仁他都不知？孔子不是老糊塗，實則這個仁是將你自己與天道的一個定位。《易‧系辭傳下》說，「天地設位，聖人成能」[37]就是這個意思。聖人與仁人是劃等號的：能做到聖人也就是仁人，能做到仁人，也就是聖人了。

---

[36] 《儒學與社會現代化》，廣東教育出版社，2004 年 10 月第 1 版，第 257 頁。
[37] 《周易正宗》，華夏出版社，2004 年 1 月北京第 1 版，第 676 頁。

關於儒學的義

　　儒學的義，孟子說得最多。孟子以「集義」來達到他的「浩然之氣」。而這「浩然之氣」慣長空，道貌宏偉，大有頂天立地的英雄氣概。後儒尊稱孟子為「亞聖」，其學問多得益這個「義」字。他還有一個驚人的論述，說：「魚，我所欲也；熊掌，亦我所欲也；二者不可得兼，捨魚而取熊掌者也。生，亦我所欲也，義，亦我所欲也，二者不可得兼，捨生而取義者也。」[1]當生命與義不可兼得時，他情願捨生取義。這個「義」在孟子看來，比生命還重要。

　　那麼，儒的義是什麼意思呢？孔子有曰：「君子之於天下也，無適也，無莫也，義之與比。」[2]以孔子此話來看，義就是公正、合宜的道德行為。古人解義為宜。董仲舒說：「宜在我者，而後可以稱義。」[3]宋儒程顥亦說：「仁，人此；義，宜此。」[4]如以宜解義，那麼義就是「應該如此」。萬事萬物有它的規律法則，我們依此而行就是義。如父子關係，它有一個無法逃離天地之間的義理在那裡，生你的父母，你是不能選擇的，無論你喜歡不喜歡，他們本就是你的父母，你對他們孝敬、奉養是義理所在，這是應然如此的義務。如果我們以成語「天經地義」來解析，那麼就是說，天有它的天道法則，地有它義理規律。我們人不能不愛自己的親人，不能

---

[1]　孟子：《孟子》，台灣揚智出版社，民國 83 年版，第 307 頁。
[2]　《論語》，藍天出版社，2006 年 8 月第一版，第 67 頁。
[3]　《儒學與社會現代化》，廣東教育出版社，2004 年 10 月第 1 版，第 57 頁。
[4]　《二程集》，中華書局出版，2004 年 2 月第 2 版，第 80 頁。

不愛自己的子女。這是一個義，人應該如此行。這就是程顥所說的
「宜此」。如果不是如此，反其道而行之，那就是非義了。所以《周
易・系辭傳下》說：「禁民為非曰義。」[5]義，就是朝著正道走的，
非義就是走邪門歪道了。孟子有一個比喻，他說：「夫義，路也；
禮，門也；惟君子能由是路，出入是門也。」[6]可以看出，孟子是
將「義」作為儒家形而上學的道德律令來實行的。他在〈告子上〉
篇說「仁，人心也，義，人路也。」[7]如果說，仁是儒家君子所要
達到至善的最高理念，那麼要實現這個最高理念的路子就是義。「人
路」，也就是人應該的行為方式。

　　而最有趣的是，孟子常將仁和義放在一起，稱為「仁義」。後
人也稱孔孟之道為「仁義道德」。似乎仁、義是一個詞，表達一個
意思。我們從上面引用孟子的話來看，其實仁和義是兩個不同的概
念。孟子在〈告子上〉篇也指出：「惻隱之心，仁也，羞惡之心，
義也。」[8]用現代語言來說，仁是同情心，愛心；義是排斥那些羞
恥、作惡的心。仁是作為肯定的心性，義是作為否定的心性，兩者
是有區別的。孟子也把「義」和「利」看成是對立的。在〈梁惠王
上〉開篇就批判梁惠王的「何以利吾國」，勸告梁惠王不要言「利」
而要行「仁義」[9]可見「利」與「仁義」是有衝突的。講「利」，就
不可能實行「仁義」。我們從孟子的種種說義來看，行義，就是不
要做那些傷天害理的事，做公正、合時宜、對得起良心事。

　　我們從孟子常將「仁義」放在一起來論述其學說可以看出，「仁」
是人的本性，這個本性就是善，孟子是主張「性善論」的，人天生

5　《周易正宗》，華夏出版社，2004 年 1 月第 1 版，第 647 頁。
6　《孟子》，台灣揚智出版社，民國 83 年版，第 286 頁。
7　孟子：《孟子》，台灣智揚出版社，民國 83 年版，第 310 頁。
8　孟子：《孟子》，台灣揚智出版社，民國 83 年版，第 298 頁。
9　孟子：《孟子》，台灣揚智出版社，民國 83 年版，第 7－8 頁。

就有這個「善心」（人之初性本善）。但要如何保持、鞏固這個善心呢？這就需要「義」來實行。義，是羞惡之心，它可以排斥、拒絕那些羞恥、惡劣的東西，使心性保持著善。我不做羞恥、惡劣的事，自然也就做仁善的事。所以孟子的「集義」就可以達仁了。這就是孟子的「仁義道德」。有人說，孟子以「性善論」來解釋孔子的學說，即以「義」來打開孔子的仁學。這個評價是有道理的。孟子與告子辯心性，其主張的就是性本善。孟子講禮不多，他把禮當作是君子出入的門，出了這個門以後，路如何走？就由義來指導了。義是抵達仁的路。

如果說義就是宜來解，那麼儒家的「義」就是《中庸》所說的「親親殺」和「尊尊等」兩大道德觀。一是講「孝悌」，要「愛其親」；二是講上下有序，要尊重上級，尊重你的君主，所謂的「忠」是也。儒家這個義也是由《周易》的天道觀而來：天道的演變，是由陰陽之道而來的，夫婦之道就是陰陽之道，父母與子女的關係就是親道關係，這個「義理」是一種必然的關係，一旦形成後，是不能改變的。又如天道由上而下演變成我們這個世界（兩儀生四象，四象生八卦演繹而成），我們就得講上下有序的「尊尊等」規則。

孔子作《春秋》，就是記那些無義的事：臣殺其君，子殺其父，天下大亂，所謂的「春秋無義戰」是也。孟子所說的「義」，也就是天道演變而來的、人應該做的行為規則——「親親殺」和「尊尊等」。孟子激烈反對楊朱和墨翟，他說：「楊氏為我，是無君也；墨氏兼愛，是無父也；無父無君，是禽獸也。」[10]這等罵話，等於我們現代人所說的「無情無義」了。

孟子以「集義」來實行他的人生目的。他的這個「義」，有點類似德國哲學家康德所說的「道德律令」。這個道德律令是義不容

---

[10] 孟子：《孟子》，台灣揚智出版社，民國83年版，第166頁。

辭的純粹實踐理性，即「義務」。它是驗前的先天性原則，不能用經驗判斷的幸福或不幸福來衡量的。它是應然如此才是適宜的，計較利害關係就不是義了。如果我們以孟子「集義」來達到、充實他的「浩然之氣」來看，孟子這個義，就不單是講「親親之義」和「尊尊之義」，他包含天地之正氣在。南宋文天祥作一首《正氣歌》是對孟子的「浩然之氣」的最好解釋。他說：「天地有正氣，雜然賦流形，下則為河岳，上則為日星，於人曰浩然，沛乎塞滄溟。」這個氣，以孟子的話講，叫做「至大至剛；以直養而無害，則塞於天地之間。」[11]這個「集義」，已達孔子說仁的境界。怪不得孟子常將仁和義放在一起說，叫「仁義」。在孟子那裡，仁和義是分不開的，盡義也就達仁，有仁也就有義。兩者是相輔相成的。

漢朝董仲舒也繼承了孟子的這個說法，他在《春秋繁露·仁義法》說：「仁之法在愛人，不在愛我，義之法在正我，不在正人；我不自正，雖能正人，弗予為義；人不被其愛，雖厚自愛，不予為仁。」[12]一內一外：義主內，仁主外，內外相結合，從而完成其仁義道德論。這種論調，與孔子的「克己復禮為仁，為仁由己，而由人也乎？」是不合拍的。孔子講的仁，也是向內修的己道；而孔子說「君子之於天下也，無適也，無莫也，義之與比」[13]，這個「比」字，實際上就說明義是有參照對象來比的，其當然也就是外向的。比什麼呢？當然是比你的行為是否適宜天地人的三材之道。

我讀《孟子》，覺得有一個很奇怪的現象就是：孔子說義不多，他的仁多是與禮有關係的。即以禮踐仁，能做到一切合乎禮，就可以達到仁了。孟子反而少說禮，加入了一個「義」，特別突出這個義。他是用義來取代孔子禮的作用。荀子是看到這一點的，他特別

---

[11] 孟子：《孟子》，台灣揚智出版社，民國 83 年版，第 72 頁。

[12] 《儒學與社會現代化》，廣東教育出版社，2004 年 10 月第一版，第 57 頁。

[13] 荀子：《荀子》，中國紡織出版社，2007 年 4 月第一版，第 68 頁。

注重禮，講「隆禮」來發揮孔子的學說，對子思、孟子他們的說法不以為然，他說：「略法先王而不知其統，然而猶材劇志大，聞思雜博。案往舊造說，謂之五行，甚僻違而無類，幽隱而無說，閉約而無解。案飾其辭而祇敬之曰：「此真先君子之言也。」子思唱之，孟軻和之。世俗之溝猶瞀儒，嚾嚾然不知其所非也。遂受而傳之，以為仲尼、子弓為茲厚於後世，是則子思、孟軻之罪也。」[14]我們從荀子批判子思、孟子，又以「隆禮」來述其學說可以看出，孟子的義，似有點偏離了孔子的學說，起碼來說，孔子沒有說太多的義，是孟子添油加醋地將「義」大加發揮的。孟子為何那麼推崇義呢？一是孟子自視才華過人，大有「如欲平治天下，當今之世，捨我其誰也？」的雄心壯志。我讀《孟子》，亦覺得其言恢宏偉岸，有大氣魄、大氣象的遠大抱負，給人以一種氣貫長空、大丈夫做大事業的英雄氣概。二是孟子為國君做事心切，他曾在〈騰文公下〉一文提到古人為士三個月無君就感到渾身不自在。種田的沒田耕，做士的無君服侍是不可想象的。就從這兩點來說，孟子認為都是義不容辭的：天生他有這個才能，而為臣為士的就是要為天下服務的。這都有一個義理在，這是他應該站出來的正當理由，即「宜此」。

我們說孟子的義意，有點偏離孔子的「仁禮」學說，但其義的內容很廣，也沒有歪曲孔子的原意，只是開另一條路來述說孔子的仁學而已。而後儒講義，就有些不倫不類了。做得最突出的是宋朝的程顥、程頤兄弟，他們把君臣的關係上升為父子關係，稱此為義，實則是在破壞孔子的學說。《河南程氏遺書卷第二上》有說：「君臣，父子也。父子之義不可絕，豈有身為侍從，尚食其祿，視其危亡，曾不論列，君臣之義，固如此乎？」[15]這種將互尊互敬的君臣關係

---

[14] 孟子：《孟子》，台灣揚智出版社，民國 83 年版，第 119 頁。
[15] 程頤、程顥：《二程集》，中華書局出版，2004 年第 2 版，第 43 頁。

上升到絕對死忠的父子關係，是對儒學原初意旨的改造。孔子的「君君、臣臣、父父、子子」是有區別的。君臣關係是做臣子的要尊重君子，嚴格遵從上下的等級關係；而做君子的，要敬愛臣子，不能濫殺、侮辱臣子。而父子關係與君臣關係又有不同了，父子關係是做兒子的要絕對服從、孝順父親，不能有半點的反抗或違背。《禮記·曲禮下》有說：「為人臣之禮不顯諫，三諫不聽，則逃之。子之事親也，三諫而不聽，則號泣而隨之。」[16]可見君臣與父子的義理是有所不同的。就是說，做臣子的可以選擇逃避，但做兒子的只能跟隨父親赴湯蹈火。父子之義是親情關係，君臣之義是尊等關係。父子是父子，君臣是君臣，這兩者是不能等同的。這種君臣關係等於父子關係，就如同現代的「我把黨來比作母親」、「祖國啊，我的母親！」是一樣的。實則這義不是那義，是不能亂點鴛鴦譜的。如果我們以德國著名的社會學家韋伯（Max Weber, 1864－1920）所使用的名詞來說，一個是屬於「存心倫理學」（Gesinnungsethik）範疇；另一個則是屬於「責任倫理學」（Verantwortungsethik）範疇。前者是一個先天的道義倫理；後者是後天形成的一種責任道義倫理。孟子的「義」屬於前者，而程氏兄弟的「義」則屬於後者。前者是康德說的道德律令，一個先天的道德倫理；後者是後天形成的一種責任道義。我們從《莊子·人世間》一文，或許可以解釋此兩種道義：葉公子高要出使齊國，覺得有危險，問孔子該不該去？孔子對他說一段話。「仲尼曰：天下有大戒二：其一命也，其一義也。子之愛親，命也，不可解於心。臣之事君，義也，無適而非君也。無所逃於天地之間，是之謂大戒。是以夫事其親者，不擇地而安之，孝之至也；夫事其君者，不擇事而安之，忠之盛也；自事其心者，哀樂不易施乎前，知其不可奈何而安之若命，德之至也。

---

[16] 《禮記我讀》，九州出版社，2006 年 1 月第 1 版，第 59－60 頁

為人臣子者，固有所不得已，行事之情而忘其身，何暇至於悅生而惡死？夫子其行可矣！」[17]愛親，是命，就是所謂的「命中注定」，是「不可解於心」的；而事君，是義，「無適而非君」的行為。兩者雖然都屬「無所逃於天地之間」，但其意義是有所不同的。命，是先天注定的；義，是後天形成的。愛親，是存心倫理；事君，是責任倫理。宋儒程氏兄弟把這兩者混淆了。後儒最讓人詬病的，就是把責任倫理的「義」，當做存心倫理的愛親（事親）而論，使義變成對皇帝的死忠。如果我們以當今民主社會的生態來看，責任倫理，它是有限度的，不在其位，可以不謀其政，理念與長官意志不合，辭職就可以逃離責任。故早期的士大夫，有「三諫不聽則逃」的為士原則。而「三諫」，你上司聽不聽，可說是「仁至義盡」了，也可說是盡了責任倫理的義務。沒有什麼非要讓我與你一起去送死的義務。

　　自孔孟以後，儒為了取得統治者的青睞，常把君臣關係提高到父子關係而論，這種自作多情，製造了很多歷史上的忠烈祠堂，最後使儒演變為皇帝的奴才。雖然唐朝出現過魏徵諫唐太宗的歷史佳話，但「君使臣以禮，臣事君以忠。」（孔子語）[18]兩全其美的事畢竟很少了。你後儒既甘願當兒子來服侍皇帝，皇帝還會以「禮」給你尊重嗎？

---

[17] 《莊子正宗》，華夏出版社，2005 年 1 月北京第一版，第 67 頁。
[18] 《論語》，藍天出版社，2006 年 8 月第一版，第 51 頁。

關於儒學的「智、信」

　　儒學，其內容是什麼？後儒把它歸結為講「仁、義、禮、智、信」五者。此歸結肇因《孟子》一書。孟子把孔子的學說歸結為「仁、義、禮、智、信」來闡述。後儒就把這固定下來發揮宣揚，成為儒學的標誌了。荀子歷數子思、孟軻之罪，有一條罪狀是「案往舊造說，謂之五行」[1]有人認為子思、孟子沒有說過「五行」學說（《洪範》的「金木水土火」五行說），荀子似有筆誤。實則此五行非彼五行，荀子批評孟子的，就是「仁、義、禮、智、信」五者來總括實行聖人之學。子思《中庸》有「君臣也，父子也，夫婦也，昆弟也，朋友之交也。五者，天下之達道也。」[2]也是荀子批評「五行」的對象。以我看，荀子批評子思、孟軻的正是這「五行」。而不是批評「金木水土火」的「五行」。

　　孟子把「仁、義、禮、智」比作人之四體，「智」是作為人辨別是非之一體。如果我們把仁作為儒實現人生的終極目的，禮是人要踐履仁踏出的門；那麼義就是要通往這個目的的路，但走在路上如果沒有「智」來辨別方向，那你就會迷路，走錯路。所以孟子這個「智」，是用來認清「義」這條路的。他說，「心之官則思，思則得之，不思則不得也，此天之所與我者，先立乎其大者，則其小者不能奪也，此為大人而已矣。」[3]智，在孟子來說，就是人要實現

---

[1]　荀子：《荀子》，中國紡織出版社，2007 年 4 月第一版，第 68 頁。
[2]　《大學、中庸》，華語教學出版社，1996 年第一版，第 55 頁。
[3]　孟子：《孟子》，台灣智揚出版社，民國 83 年版，第 314 頁。

仁義的資器。孟子用「集義」來達到「浩然之氣」也是靠「智」來充電的。他的所謂「知言」，就是靠智來思辯的。可以說孟子的「智」與「仁義」是相互聯繫，相互影響的。沒有智的思辯，不可能抵達仁義的目的（境界），但有智的思辨，而沒有「仁義」作為智基底，則智就會生出「詖辭、淫辭、邪辭、遁辭」。所以，孟子的智，不是我們通常所說人的智能的智，他是有一個底限的，這個底限叫「良能」、「良知」。就是好的智能，不是壞的智能。說明白點就是要能與仁義相結合的智能，不是那些亂七八糟、搞陰謀詭計的智能。孟子稱此智為「是非之心」，即要有分別是非的能力。這個能力是先天就有的，就看後天有沒有條件把他啟發出來。就像莊稼的種子埋在地下，遇到天旱出不來，而天突然下一場大雨，其沛然生發。這就是孟子所說的「智」。

　　孔子說智不多，有「唯上知（原文是「知」，此可作「智」解）與下愚不移」的話。孔子倒是講「知」較為多些。「子曰：知者樂水，仁者樂山知者動，仁者靜，知者樂，仁者壽。」[4]又說「知者不惑，仁者不憂，勇者不懼。」[5]孔子說這個「知」，似乎與孟子講的「智」不同。孔子的知者與仁者、勇者等是不同的概念，知者就是知者，他與仁者不能相提並論，界限分明，知者不一定就是仁者，仁者也不一定就是知者。孔子還說過「剛、毅、木、訥近仁」[6]，可見仁不一定要有智。我們以此來看孔子的學說，孔子講的就是「知禮、知人、知天命」的學說。其所謂的「知人」就是「知言」。孟子插入一個「性智」而論，雖不違孔子原旨，但不能總括孔子「知人」的學問。就如我前面說過的，仁者一定能愛人，但愛人不一定就是仁者；智可以辯言，但智者不一定就是知人。孔子是繼承堯、

4　《論語》，藍天出版社，2006 年 8 月第一版，第 116 頁。
5　《論語》，藍天出版社，2006 年 8 月第一版，第 188 頁。
6　《論語》，藍天出版社，2006 年 8 月第一版，第 262 頁。

舜時期的「知人則哲」而論知人的。這個哲人不全是進取的，有時他會後退的：「國有道，其言足以興，國無道，其默足以容。《詩》曰：「既明且哲，以保其身。其此之謂也。」[7]與其說孔子的學說是講「仁、義、禮、智、信」，倒不如是講「知禮、知人、知天命」。後儒用「仁、義、禮、智、信」「五行」說，雖進一步發揮了孔子的入世思想，也就是說發揮了積極的意義；但既把孔子出世的思想淹沒了，也就是把孔子「邦無道，隱」的無為消極思想去掉了。

　　孟子插入一個「智」字來宣揚孔子的學說，大體來說還算有所依據，而將「信」作為單獨列出一個儒學內容，則有些過於牽強。不錯，孔子講信不少。有「子曰：道千乘之國，敬事而信，節用而愛人，使民以時。」又說「弟子入則孝，出則悌，謹而信，泛愛眾而親仁，行有餘力則以學文。」[8]而在〈為政〉篇則有「人而無信，不知其可也」[9]的說詞。信是孔子講道德倫理的一個重要內容。但孔子也講「恭、良、儉、讓、寬、敏、惠」等，為何單把一個「信」的內容列入，而不把其他的內容也列入？如果說孔子之道說信多些，還不如說「誠」更多，說「性」更多，說「孝悌」更多。而且「作誠」是通往「知天命」的方法論。就是說是盡性知天命的方法論。為什麼不把孔孟之道概括為「仁、義、禮、智、誠（或性）」，而是「仁、義、禮、智、信」？而且孟子把「信」是放在其倫理道德次要的地位的。浩生不害問他「樂正子，何人也？」他答說「善人也，信人也。」「何謂善？何謂信？」曰：「可欲之謂善，有諸己之謂信，充實之為美，充實而有光輝之謂大；大而化之謂聖，聖而不可知之之謂神。樂正子，二之中，四之下也。」[10]信在孟子的倫

[7]　《大學、中庸》，華語教學出版社，1996年版，第83頁。
[8]　《論語》，藍天出版社，2006年8月第一版，第6頁。
[9]　《論語》，藍天出版社，2006年8月第一版，第33頁。
[10]　孟子：《孟子·盡心下》，台灣智揚出版社，民國83年版，第405頁。

理學中，是「二之中，四之下」的地位。做人做到信，只是個中人，還不是上人。我真的不明白，為什麼後儒要把信作為一個單獨的內容列出來。以我看，「信」，是孔子「知人」學說的一部分，它與「恭、寬、敏、惠」等都是做人的一部分。後儒把「仁義禮智」作為其理論的四體，再拉進一個「信」湊夠「五行」學說。從《論語》來看孔子的仁學，我覺得以「知禮、知人、知天命」來統領孔子的學問更適合，所謂的「仁義禮智信」，似有些過於牽強附會。孔子是以「仁」來貫徹其整個道德形而上學的。其他義、禮、智、信等都是圍繞這個「仁「而闡述。後儒如此排列，好像孔子的學說變成了五個命題。這已不是一個「仁」字了得，而是以「仁、義、禮、智、信」而「五行」。這也許就是荀子批評的「甚僻違而無類，幽隱而無說，閉約而無解」[11]的原因所在吧？

---

[11] 荀子：《荀子》，中國紡織出版社，2007 年 4 月第一版，第 68 頁。

孔孟之道是封建社會的產物

　　我們對孔孟之道「仁、義、禮、智、信」進行徵述之後，就會發現，其道德倫理是由兩條腿支掌起來的。這兩條腿就是「親親殺」和「尊尊等」。子思的《中庸》之道，就提出這兩大道德觀。孟子對此進一步發揮，從而奠定了儒學的道德基礎。

　　在子思、孟子那裡，講仁，首先要講「思事親」，沒有這個「思事親」，反而害了「仁」，就是說，你仁者愛人，要有一個先決條件的，這個先決條件就是要看你對你的親人怎樣？你口口聲聲說你愛人，愛所有的人類，但你既照顧不好你的父母，照顧不好你的妻子兒女，那你就不是一個仁者，而且是損害仁的人。這就是儒的「親親殺」道德觀。孔子的「父為子隱，子為父隱，直在其中矣」[1]也是這個道德觀的反映。儒家與墨家的訣別，也是以「親親殺」為分界線的。儒攻擊墨的「兼愛」，就是墨家沒有儒的「親親殺」道德內涵。孟子說墨家是「無父」。

　　而儒的「尊尊等」，強調上下有別的等級關係，就是孔子說的「君君、臣臣、父父、子子」的等級關係。後儒發展為「忠君」的義理。由「親親殺」和「尊尊等」兩者引述而成儒家的「仁義道德」。

　　我們要了解儒的「仁義道德論」為何要特別強調「親親殺」和「尊尊等」兩大倫理觀，就有必要了解中國的封建社會制度。

---

[1]　《論語・子路》，藍天出版社，2006 年 8 月第一版，第 256 頁。

　　中國大陸的教科書，以馬克思唯物史觀作準繩，一直以來，對中國的歷史是作如此分段的：夏、商、周為奴隸制社會；自秦始皇始到清朝止為封建制社會。這種分法，以我看來，是無視中國的史實，生搬硬套地將馬克思的唯物史觀理論裝進中國的歷史框架去。本人試圖對中國封建制度作一簡略考察，期以能還中國封建社會的本來面目。

　　中國的封建制度，起源於何時？有文字記載的，黃帝時期就存在了。《史記》記載說，「軒轅（黃帝）之時，神農氏世衰，諸侯相侵伐，暴虐百姓。而神農氏弗能征。於是軒轅（黃帝）乃習用干戈，以征不享，諸侯咸來賓從。」[2]此一記載，說明「諸侯」早在神農氏統治時期就存在，在神農後期出現衰敗，彼此互相殘殺，由黃帝拿起武器，征服了各諸侯。如依太史公的說法，中國的封建社會制度，早在神農時期就建立了。到了堯舜時代，史書亦有記載舜當了天子後，封他同父異母的弟弟象去做一個諸侯國的王。在《孟子》一書也有講這件事，有人問孟子，象兇殘傲慢，幾次謀殺舜不成功，舜還封他去做諸侯國的國王，舜還能稱得上是聖人嗎？孟子答說這是舜為了盡親親之義，正是聖人的行為。《史記》也記載堯帝死後，舜讓帝位給堯的兒子丹朱，「諸侯朝覲者不之丹朱而之舜，獄訟者不之丹朱而之舜，謳歌者不謳歌丹朱而謳歌舜。舜曰『天也』，夫而後之中國踐天子位焉，是為舜帝。」[3]從太史公說的「諸侯」、「中國」及舜「踐天子位」等可以看出，在堯舜時期，封建制度已經作為一種常規的制度在實行。「中國」名稱的來由，就是封建制度的產物，中國，即天子的中央之國，諸侯國分布於四周之謂。班固的

2　司馬遷：《史記・五帝本紀第一》，中華書局出版，2005 年 3 月第一版，第 3 頁。

3　司馬遷：《史記・五帝本紀第一》，中華書局出版，2005 年 3 月第一版，第 23 頁。

《漢書》亦有如此記載:「昔在黃帝,作舟車以濟不通,旁行天下,方制萬里,畫野分州,得百里之國萬區。是故《易》稱「先王建萬國,親諸侯。」《書》云「協和萬國」此之謂也。」[4]以班固對史跡的記載,在黃帝時期,就建立了一個龐大的封建社會。

毛澤東在文革時期,曾對其官員發出要「熟讀唐人〈封建論〉」。這就是說,唐朝柳宗元所作的〈封建論〉一文,就是對中國封建制度作出界定的文章。以此來說,柳文所說的,對什麼是「封建」,就具有代表性意義了。

柳宗元在此文說的封建制度,是周朝的制度,柳文論述周朝如何實行封建制度。他肯定周朝是實行封建制的,而沒有說秦以後實行的是封建制。柳宗元很明顯地將周朝的封建制度與他所處的唐朝的制度區隔開來。他說當年周王朝不是不想改變這個制度,是時勢使然,他無法改變。其反意也就是說,現在他這個朝代改了,也是時勢使然。中國的歷史學家也多以秦朝作為一個歷史分界線,認為先秦的「夏、商、周」是一個歷史線索,秦漢以後又是另一個歷史線索。很明顯,秦始皇滅六國統一中國後,其已廢除了三皇五帝的封建制,以君臨天下的「郡縣」制統治中國。柳宗元雖然沒有說明他所處的唐朝是什麼制,但他肯定所實行的不是封建制。因為他認定封建制度在他那個時代已是過時的產物。

那麼,什麼是封建制呢?柳宗元說,「周有天下,裂土田而瓜分之,設五等,邦群後,布履星羅,四周於天下,輪運而輻集。」(柳宗元〈封建論〉)所謂的「封建」,即天朝的天子將其擁有的土地「裂土田瓜而分之」,使所有的皇親國戚和有功人員都得到一份獎賞的土地。它是按照與天子親屬關係的遠近以及功勞的大小來進行封建的。封建設有五個等級:公、侯、伯、子、男。公的等級最

---

[4] 班固:《漢書》,中州古籍出版社,1996 年 10 月第一版,第 553 頁。

大，分封的疆土最多，侯次之，依次分封，男最小，所得的土地也
最小。這裡順便說幾句，我們現在所說的親屬關係：公、伯、叔、
子等稱謂，也是封建社會的產物。「周公、伯禽、康叔」等名，是
包含封建等級制度在裡面的。公是屬於祖父輩；伯、叔是屬於父字
輩；子是與你同輩；男則屬於孫字輩。據史書記載，在周成王時代，
封建制度已經很成熟，其所分封給「公、侯、伯、子、男」所建
的國，都有嚴格的規定，即使是最大的「公」國，其國的疆土也
不能超過天子的天朝中央國。太史公說，「殷以前尚矣，周封五等：
公、侯、伯、子、男。然封伯禽、康叔於魯、衛，地各四百里。
親親之義，褒有德也。太公於齊，兼五侯地，尊勤勞也。武王、
成、康所封數百，而同姓五十五，地上不過百里，下三十里，以輔
衛王室。」[5]可以看出，當年周王朝的封建，一是表「親親之義」，
對皇親國戚有所眷顧；二是分封諸侯建國，以輔衛周王朝。故其疆
土大小是有等級的，大的不過四百里（有史書說三百里），小的只
有三十里。用我們現代人的眼光來看，當年周王朝這個做法是很聰
明的，他封建的土地有限，使諸侯國不能過強過大，「布履星羅，
四周於天下」，他天朝就好發號施令，「輪運而輻集」了。到了春秋
時代，諸侯列強興起，天子微弱，天朝不能話事，諸侯亂來的事發
生很多，魯國季氏在其王室舉行天朝的音樂會（八佾音樂，只有天
朝才能演奏），氣得孔子大罵「是可忍也，孰不可忍也？」（《論語‧
八佾》孔子認為季氏是在破壞封建社會的禮樂制度；又有孔子的學
生冉有為季氏做事，被孔子罵為「非吾徒也，小子鳴鼓而攻之可也。」
（《論語‧先進》）為什麼孔子那麼生氣呢？原因是季氏是個諸侯國
的一個國王，他的財產竟超過周天朝的周公，這在孔子看來，季氏
是在破壞原有的封建制度，是不可原宥的大罪。其實封建制度不僅

5　司馬遷：《史記》，中華書局出版，2005 年 3 月第一版，第 681 頁。

對分封土地有嚴格的要求,而對政治建設也有嚴格的制度。《尚書‧武成》說「列爵惟五(即上說的五等),分土惟三(三個等級),建官惟賢,位事惟能,重民五教(五常是也),惟食喪祭,享信明義,崇德報功,垂拱而天下治。」諸侯國與天朝的關係,它是有一套規則來維繫的:《國語‧周語》說,「夫先王之制,邦內甸服,邦外侯服,侯、衛賓服,蠻、夷要服,戎、狄荒服。甸服者祭;侯服者祀;賓服者享;要服者貢;荒服者王。」[6]就是說,在周朝邦內分封的諸侯國,要每月在祖廟舉行祭典禮,不忘先祖,向天子表示孝忠;而邦外的侯服者每年舉行一次祀典禮就可以了;而賓服者可以享受天朝給予的種種優惠政策;至於要服者則是要向天朝進貢;而荒服者的好處,就是得到天子的認可,名正言順地作為王者。《國語》這段話,太史公在《史記‧周本紀第四》中也有引用。他對此有進一步的闡述:「有不祭則修意,有不祀則修言,有不享則修文,有不貢則修名,有不王則修德,序成而有不至則修刑。於是有刑不祭,伐不祀,征不享,讓不貢,告不王。於是有刑罰之辟,有攻伐之兵,有征討之備,有威讓之命,有文告之辭。布令陳辭而有不至,則增修於德,無勤民於遠,是以近無不聽,遠無不服。」[7]天朝與諸侯的遠近關係,有「祭、祀、享、貢、王」來維持,若有違反這些規則,則檢討天朝有那些做得不妥,然後用「刑、伐、征、讓、告」等不同程度的懲罰來警告諸侯。天子三年內要去巡狩(即視察)一次諸侯國,到泰山去敬拜上帝(封禪)。史書有記載黃帝、舜帝巡狩諸侯並登泰山封禪之說,後來的秦始皇也學著先王(五帝)的做法,出巡登泰山封禪。秦始皇雖然繼承封建社會的一些形式,但他把最具封建形式「五等」廢了。班固在《漢書‧異姓諸侯王表第一》

---

[6] 左丘明:《國語》,中華書局出版,2007 年 7 月第一版,第 5 頁。

[7] 司馬遷:《史記》,中華書局出版,2005 年 3 月第一版,第 99 頁。

說「秦既稱帝，患周之敗，以為起於處士橫議，諸侯力爭，四夷交侵，以弱見奪。於是削去五等，墜城銷刃，箝語燒書，內鋤雄俊，外攘胡粵，用一威權，為萬世安。」[8]可以看出，秦始皇是破壞封建制度的始作俑者，他把分封的「五等」廢了，沒有了諸侯建國，取而代之是「郡縣」制。他的「郡縣」，是派官員去治理，而不是分封建國。漢高祖取得政權後，亦作了許多恢復封建制措施。不過他吸取了東周滅亡的經驗，他封的諸侯國更小了。《史記・漢興以來諸侯王年表第五》說，「天子觀於上古，然後加惠，使諸侯得推恩分子弟國邑。故齊分為七，趙分為六，梁分為五，淮南分三，及天子支庶子為王，王子支庶為侯，百有餘焉。吳楚時，前後諸侯或以適削地，是以燕、代無北邊郡；吳、淮南、長沙無南邊郡；齊、趙、梁、楚支郡名山陂海咸納於漢。諸侯稍微，大國不過十余城，小侯不過數十里，上足以奉貢職，下足以供養祭祀，以蕃輔京師。而漢郡八九十，形錯諸侯間，犬牙相臨，秉其阨塞地利，強本幹，弱枝葉之勢，尊俾明而萬事各得其所矣。」[9]與周王朝不同的是，漢的「大國不過十餘城」，比起周四百里的公、侯國更小了；而且還間雜著秦朝發明的「郡」行政機構（相當於我們現在的省市）。這個「郡」的行政機構，是秦滅諸侯國而設置的行政機構。漢初為了獎勵有功人員，安撫人心，雖也回潮採用一些周王朝的封建制做法，但其也多採用秦始皇設置的郡制度，這說明漢以後就開始慢慢放棄封建制度了。而且漢代君主權力過大，宮廷鬥爭非常激烈，經常廢封，分封不久的諸侯很快就被廢掉。呂後掌權後，又封她的外戚，打破劉邦非劉姓不封的規矩，幾經折騰，極大地破壞了封建制度的穩定性。到了唐代，柳宗元已完全看好秦始皇創立的這個君主

8　班固：《漢書》，中州古籍出版社，1996 年 10 月第一版，第 64 頁。
9　司馬遷：《史記》，中華書局出版，2005 年 3 月第一版，第 681 頁。

制，他在〈封建論〉裡為君主制辯護，說周王朝不是不想改變這個封建制度，而是形勢使然，使他們不得不採取封建制的形式維持統治。其言下之意，就是封建制在唐朝這個時代已完全過時了，皇帝沒有必要採取這種制度，設置郡縣制度更適合君主專政。皇帝直接發號施令，沒有諸侯國坐大的後顧之憂。

如依柳宗元的說法來看中國的歷史，夏、商、周就是封建制；秦漢至清，就是君主制（當然中間亦間雜有封建制形式）。封建制度的主要形式，就是將土地的所有權，封給某人去建立一個國家。他完全擁有這塊土地的使用權和設置他的行政機構。我們從春秋戰國的各國情況來看，諸侯國還擁有自己的軍隊。與現代定義的國家所擁有的權力沒有什麼兩樣。天朝與諸侯的關係，是靠「禮」來維持的。天子很少，也很難直接干涉他的內政。有人分析商紂王荒淫無度，是當時的物質文明很發達，而作為天子又無事可做。久而久之，就物足思淫慾了。這從則面說明封建社會的封建，是將生產資料真正落實到個人身上，封這塊土地給他建國，這國就是他的了，他擁有治理這個國的一切權力。

秦漢以後的王朝就不同了。皇帝的權力很大，秦始皇設置的郡縣，是派官員去治理，而不是封建。一切疆土都是皇帝的。秦始皇滅六國後，實行的君主專制，國就是一國──秦國；國王就是秦始皇。諸侯世襲的王國就沒有了。後來的中國歷史，也有許多「諸侯並起」，如「三國」、「五代十國」之類，但這些諸侯國，並非周朝時代的、真正意義的「封建」國，是他們自立為王的諸侯國。又如歷史所謂的「藩王」，如唐朝的史思明、安祿山，明朝的寧王朱宸濠等，他們雖然割據一方，擁有一個地方政權，但也不是真正意義的封建國。現代中國大陸的教科書說北洋軍閥「封建割據」是錯誤的，沒有那個皇帝封他們為王，是他們自己割據一方，根本談不上「封建割據」。當今大陸還將封建與迷信聯繫在一起，叫做「封建

迷信」，這就有點不倫不類了。封建是一種制度，而迷信是一種信仰程度，這完全是兩回事。執政當局以馬克思主義唯物史觀來畫分中國的歷史，說秦朝至清朝是封建社會，而把「夏、商、周」定為奴隸社會，極大地錯置了中國的歷史面貌。我們為什麼要把秦漢以前，有明顯封建制度形式的「夏、商、周」定為「奴隸制」？如果說中國有奴隸社會，只有秦始皇的暴政短暫出現過。典型的歐洲奴隸制，在中國歷史上真的很難找得到。

我們對中國封建制度作一粗略考察後，對中國歷史上的封建社會應該有一初步的認知：中國的封建制度，並不是一無是處，它比秦以後的君主制優越很多。中國文化燦爛輝煌時期，都是在封建社會下發達的。儒、道兩大中國文化哲學的發端，也是在封建社會下進行的，老子和孔子，都是生活在封建社會時代。中國傳統所稱的「聖人」：黃帝、堯、舜及孔子，沒有一個是君主專制時代的人物，全都是誕生在中國的封建社會。如果說，沒有古希臘文明，就沒有現代西方精神文明和物質文明的發展，那麼也可以說，沒有中國早期的封建文明，也就沒有中國傳統文明的儒、道文化發展。研究中國歷史文化的人都知道，中國文化有一歷史界說，叫做「先秦文化」，即秦始皇統一中國前的文化。其實這個「先秦文化」，就是封建文化，是在封建制度下生成、發展起來的文化。至於秦漢以後的文化叫什麼？在君主專制時代下的文化，稱之為「皇權文化」或許合適些。

如果我們將中國幾千年來的歷史作個概觀，所謂的中國文化：儒、道（釋除外）兩家，都是在封建社會下形成的。秦漢以後的王朝只不過是繼承、發展這個文化而已。故我們稱三皇五帝的時代是中國高度文明發展的時代，是聖哲聰明的時代。這個物質文明和精神文明的高度發展，全賴於這個「封建制度」。我們以中國封建制與君主製作個比較，封建制也優越於君主制：中國三千多年的歷史

（或說五千年），封建社會和君主制社會時間大約各佔一半（以秦為分界線），封建社會只經三個朝代（夏、商、周。若說五千年，追溯到神農氏時期，封建社會更長。），而君主制的朝代就多達二十幾個。以長治久安而言，封建制比君主制更有合理性。君主制是一人獨裁，封建制是分而治之，封建制可以說更能發揮人的能動性。如依現代的經濟眼光來看，封建諸侯國就如現代法人獨立的公司，他經營好壞、賺多少錢都由他負責；而君主制的「郡」，相當於現代的國營企業，這個管家的是皇帝派去的官員，這個企業賺多少錢與他沒有多大的關係。兩者誰屬優劣，就很分明了。當然，我們以現代民主制度來看封建制度，它是有缺陷的。它以「親親之義」來分封諸侯，即以裙帶關係來分封。這種世襲爵祿是造成社會不公的一個最大弊病。中國人念念不忘的「龍生龍，鳳生鳳，老鼠生來是打洞」的血統論觀念至今還很流傳。這一封建餘孽據說始作俑者乃夏禹的兒子啟。堯讓位給舜，舜讓位給禹，都是禪讓制，啟做了天子後，就一直世襲了。可以說，當初的封建制，強調的是以「德」來選拔人才，對世襲制也講，但不是作為首選條件。這一世襲制度，在君主制時代得到進一步加強。清初學者顧亭林說，「有亡國，有亡天下。亡國與亡天下奚辯曰：易姓改號，謂之亡國。」[10]（《日知錄‧正始條十卷》）國已與種姓緊密聯繫在一起。君主制國家，亡國即「易姓改號」，並非制度的改變。可以說，君主制雖繼承了封建禮教（儒教）的內容，但並無封建制度的形式。我們仔細品味孫中山先生說中國歷史上的戰爭都是為皇帝一人而戰就不無道理了：君主制的皇帝獨攬大權，已堵死其他王子發揮才能的路子（沒有分而治之的封建制形式），宮廷鬥爭不激烈才怪了。儒家兩大禮

---

[10] 此語引自梁啟超《中國近三百年學術史》一書第 58 頁，北京市中國書店出版，1985 年第一版。

教內容：親親殺和尊尊等，就成為兒戲了。沒有達成權力分享的制度，如何「思事親」（《中庸》語），行親親之義？因這個皇帝不是靠競爭、德性好得來的，這個「尊尊等」不就成為一句空話了？「親親殺」和「尊尊等」，是在早期較為合理的封建權力分配下所設的「禮」。堯舜時期，做天子的是靠德而立，誰的德性好，諸侯就擁護他，他就成為天子。而後來發展為氏族傳承制，幾代以後，其家族子孫還是坐享其成，這就造成極大的社會不公。春秋戰國，是封建社會制度的衰敗時期，孔子記《春秋》：「殺君三十六，亡國五十二，諸侯奔走不得保其社稷者不可勝數。察其所以，皆失其本也。」[11]後期的諸侯國，已沒有封建的本質（已不再封建），諸侯的子孫及臣子都在為爭奪權力而互相殘殺，這個儒術的「親親殺」及「尊尊等」就得不到制度的保障了。「成者為王，敗者為寇」，那來「親」？那來「尊」？漢武帝實行的是君主制，既用舊瓶裝新酒，採納董仲舒「罷黜百家，獨尊儒術」的建議，皇帝老子的尊嚴可能是立起來了，但「親親之義」引發宮廷鬥爭更激烈了。荀子對春秋戰國時期的混亂看得是非常清楚的。他對「禮制」十分重視，而他認為「禮」就是分。荀子說，「禮者，法之大分，類之綱紀也。」[12]（《荀子·勤學》）又說「故人道莫不有辯。辯莫大於分，分莫大於禮，禮莫大於聖王。」[13]（《荀子·非相》）荀子看得非常清楚，他所處的那個時代如此混亂，就是沒有「分」——職權不分，名不其實。他在〈王制〉一文說，「分均則不偏，勢齊則不壹，眾齊則不使。有天有地而上下有差，明王始立而處國有制。」封建制的初衷，是為了「分均」。當年周公、成王創立的封建制度以禮分立，各司其職，使社會井然有序，就是分封得很合理（「分均」），沒有偏差。

---

[11] 司馬遷：《史記》，中華書局出版，2005 年 3 月第一版，第 2492 頁。
[12] 荀子：《荀子》，中國紡織出版社，2007 年 4 月第一版，第 67 頁。
[13] 荀子：《荀子》，中國紡織出版社，2007 年 4 月第一版，第 54 頁。

由此我們也可看出封建制度的一個弊病：就是初封建時是合理的，封建後傳承到幾代以後，其問題就來了。到了其子孫後代，憑什麼你就可以享受此國的所有資源呢？無非是靠以前你的祖父輩被封的爵祿。就是說，他是靠祖輩的庇蔭而得的好處，這就呈現出不公了。再說諸侯國王有很多子女，為什麼就由他繼承王位而不是另一個的他？這在其內部也不公。內外都不公，國就由此而爭亂。由周公、成王建立完整的封建制到春秋戰國時代，封建國已傳承好多代了，故說春秋戰國時代已無封建的形式，只存在一個外殼而已。荀子是看到這點的。他說當年周公、成王立七十一國，姬姓（周公、成王的姓）居五十三人，而天下沒有說不公平的。[14]（見《荀子·儒效》）為什麼呢？按我們現代人的說法，天下是老子打下來的，老子愛怎麼分就怎麼分，豈容你外人說三道四呢？但時間久了，後輩奮起，原來的封建就不合情理了。漢武帝以及歷代的皇帝不理解儒家的「親親殺、尊尊等」是封建制度下的「分均」產物，而把它放在君主專政的制度下實行，就有些名不其實了。

我們對封建社會有一定的瞭解後，對孔子的學說就有進一步的理解。原來孔子說他「郁郁乎文哉！吾從周」，其衷情的就是周朝的典禮制度，即周王朝的封建制度。孔子唯「禮」是問，對一切不符合周禮的事深惡痛徹，要以「克己復禮為仁」作為其終身奮鬥目標就不足為怪了。用當今的話來說，孔子是封建制度的衛道士，他對周文王那套封建典禮制度是情有獨鐘的。

我們從封建社會制度這個大角度去看孔孟之道，作一番歷史上的反思，就會覺得，孔孟之道就其內容來說，並沒有什麼大過錯，其講的「親親殺」和「尊尊等」並沒有錯，哪個社會不講親情、不講上下有別的等級關係呢？當今西方的民主社會也要講的，沒有

---

[14] 荀子：《荀子》，中國紡織出版社，2007 年 4 月第一版，第 90 頁

「親親殺」，人類社會不可能延續發展？沒有「尊尊等」，社會如何有序地運行？可以說人類社會沒有這兩點作為支撐不可能立起來。孔孟說的那些倫理道德我看並沒有什麼不對，現代儒學者把孔孟之道說成是「成德之學」，即教你如何成為道德高尚的人，這種學問有什麼錯呢？問題是此內容套錯了形式：把封建制度的產物套在獨裁的君主制度上。漢武帝聽從董仲舒「罷黜百家，獨尊儒術」的建議，將儒術套入他的威權君主制上實行，實則是一大錯誤。其他的不說，就說漢武帝本人，迫使兒子自殺，立幼子為太子後，又將他的母親殺死。這種殘忍的行為，哪有孔孟之道的「仁義道德」？只不過是藉儒術來鞏固自己的權力而已。上面我們已分析其緣由，現代人不問緣由，對孔孟有好感的人大贊孔孟之道如何如何好，是中華民族立於世界之林的精神文化；而惡之者則認為孔孟之道是阻礙中國實現現代化的絆腳石，是不恥於人類的狗屎堆。雙方互相廝殺，不分勝負。其實，經過「五四運動」之後至今，對於儒學，好話說盡，壞話也說絕了。孔孟之道民主論有之，禮教吃人論有之，誰主沉浮？為什麼我們不想一想，拋開這兩分法，這有害的辨證思辯，從制度上對儒學進行檢討？

我們知道，孔孟之道，強調以德治人。德行是君子的風範，君子這個德風一吹，草民盡偃了，從而就達到天下大治。儒家如此強調君子的德行，這個德行是如何得到的呢？「修身」。靠自己修行來完善道德規範。但自我修行這個道德行為要有一個形式的保證，即制度上的保證。就如我們現代人所說的，「做好人的都吃虧，做壞人的都吃香」，做好人沒有一點好處，誰願意去做好人？這就要尋求一個制度上的保證。當年周文王、周武王消滅紂的暴政，其德如日中天，其對社會進行重新封建，建七十二國，姬姓五十二，基本上保證封建社會「親親殺、尊尊等」的合理性：有德之人得到褒揚，無德之人得到懲罰。武王殺紂後，還封他的後

代祿父建國，你可以猜度是周武王為了拉攏殷民的手法，但你也可以體驗到當年封建社會君子的德性。帝王（君子）要以德服天下，這正是孔孟之道所強調的。封建制度的形式，主要是保證上層建築權力平衡，即荀子說的「分均」。上層建築的權力分配合理後，下面建構和諧社會就容易了。

但是，到了孔子春秋時代，封建社會就開始土崩瓦解了，即進入「禮崩樂壞」的時代。封建形式已名存實亡，「五等」沒有了，天朝天子不能話事，諸侯沒大沒小彼此爭奪；而「親親之義」等同兒戲，父子互相殘殺屢見不鮮。孔子著《春秋》，就是記這些禮崩樂壞的事，他的目的，是要恢復周文王那套封建典禮制度。他念念不忘要「克己復禮」，他以為恢復周的「典禮制度」就可達到天下大治的目的，沒有想到要創造一個新的制度來保證這個「尊尊等」和「親親殺」的實行。周天朝已名存實亡，不能主導形勢；而諸侯各自為政，爭權奪利。就是說，做好人吃虧，做壞人得利，在這種局面下，孔子沒有什麼新的措施和方法，他只是游說各諸侯回復到過去，回復以前的封建制度。可是，誰來做天子主持公正？誰來做「公、侯、伯、子、男」遵守「尊尊等、親親殺」的道義？季氏富過周公，無視封建等級的制度，在自己的宮殿裡舉行天朝的八脩音樂會。誰來懲罰季氏呢？周公不可能懲罰他，其他諸侯也不能懲罰他。孔子對這種現象忍無可忍也沒有用。他要想恢復周禮，只有再來一次革命，出一個像黃帝、湯武、周武王這樣的強人，掃蕩諸侯，重新組合，再來一次新的封建。後來的孟子，隱若中有看到這點，有人問他周武王殺紂，是不是犯上作亂的殺君行為？他說「賊仁者謂之賊，賊義者謂之殘，殘賊之人，謂之一夫，聞誅一夫紂矣，未聞殺君也。」[15]孟子已有「無德之人可取而代之」的一定民主思想，

---

[15] 孟子：《孟子》，台灣智揚出版社，民國86年版，第51頁。

他的「民為貴，社稷次之，君為輕」[16]也是此思想的反映。可惜孔孟未能從中發展出現代的民主思想來──用民選的方法來去掉「無德之人」。秦始皇雖滅掉了諸侯國，其走的路不是重新分封建國，恢復封建制度，而是聽從李斯的建議，搞出一個「郡縣」的君主專制制度來。秦嬴政這個「郡縣」制度，從其社會架構及其對人民管制打壓的程度來看，與歐洲定義的羅馬帝國奴隸制不相上下：人民為黔首，沒有行動自由，有嚴格的戶口管理制度；任用酷吏打壓剝削人民，政府隨時可以調動他們從事徭役、打仗等，秦嬴政實際上是把中國從封建制拉入奴隸制的罪惡禍首。如以馬克思歷史唯物主義的歷史分界來說，秦始皇把中國的歷史拉向倒退：從封建制倒退到奴隸制。孔子自稱他的時代是「禮崩樂壞」的時代，可是他還有很大的人身自由：周遊列國；秦嬴政的時代就不同了，陳勝、吳廣他們戍漁陽遇大水誤期就要遭殺頭，可見秦的制度嚴厲多了。秦滅亡後，漢高祖劉邦奪取政權，初期還做些封建分封制形式，但其政體基本上是繼承秦制。到了漢武帝這個強人執政，可以說封建制度已經滅亡了。秦漢以後的歷代王朝，宣揚的主流文化雖有些不同（如兩晉興老莊玄學，唐朝宣揚佛教，宋明講儒學）但都是延續秦漢的君主制度。就是說，內容是有變化的，但其形式沒有變。從這個角度我們來看儒學──孔孟之道，何以「成也蕭何，敗也蕭何」就很清楚了。這是制度性的問題，而不是其內容的過錯。孔孟之道在漢朝發達過，在宋明兩朝也發達過，在清朝乾隆盛世更達到頂峰，演變到近世倒成了「吃人的禮教」了？原來這個孔孟之道主要是講君子之學，即君子成德之學。他特別強調做君子的要有德，君子無德這個國家就玩完了。有學者稱孔孟之道為「成德之學」，又說孟子的學問為「君子之學」，我則稱孔孟之道為「上層建築學」。孔孟是

---

[16] 孟子：《孟子》，台灣智揚出版社，民國 83 年版，第 396 頁。

專門為上層建築的士大夫、君子做思想工作的指導教授；而他們為下層人士講成德之學，也是想他們成為上層建築的士大夫、君子。上行下效，天下就達到大治。故他的學說，是在合理的封建等級制度下實施才有效，一旦上層建築分配不均，天子、國王、士大夫無德（不按孔子說的「禮教」辦事），其整個道德體系就轟然倒下了。你孔子把「禮」說得再好也沒有用，無論你自己如何努力「克己復禮」，只要一個最高領導人——天子或說國王不聽你的話，無德無能，整個禮教就不能立起來。孔孟拿那些國王也沒辦法，他們是世襲或是鬥爭得來的，不是選舉出來的。他只能用勸說的方法，去哀求那些國王遵循「周禮」。可是封建制度的形式已經名存實亡，這一整套的禮儀內容已得不到制度的保證，孔孟要實現他們的理想，無異於緣木求魚。秦漢以後的君主制，已無封建制的形式，既要冠上孔孟之道治國，皇帝一人無德，則天下遭殃。所以我說孔孟之道的內容並沒有錯，上有天道，下有地道，中有人道，正如《中庸》所說的「建諸天地而不悖」。問題是他沒有一套解決領導人更替的制度創新。自夏禹的兒子啟做了天子後，權力的承傳一直是世襲制，這就堵死了有德之人治理國家的管道。這就是孔子的「成德之學」無法成的原因所在。孔子遵從周禮，一切以禮而立做人，以他的道德來評判他的為人，可說他是最有道德的人，以「君子之學」來說他應做統治者。可是他既一生潦倒，沒有一個國王錄用他，淪為一條喪家之狗，就是他出身寒微，沒有得到在上層建築發揮他的德能。以孔子的一生亦可以說明沒有當初成王、周公創立的封建形式，孔子所說的禮教就很難成立。

我們從制度上來看孔孟之道，正如現代儒者所闡述的，孔孟之道並沒有阻礙現代民主社會的發展，而是有助於民主社會的發展。民主社會解決了孔孟無法解決的上層建築領導人更替的問題，將無德無能之人用選舉的方法將他換掉，保證了有德的「君子」執政。

其宣揚的「親親殺、尊尊等」道德規範更加容易實行。這是我們從正面看孔孟之道。而從反面上看，為什麼孔孟之道會成為「吃人的禮教」？這是因為他在君主專制的社會制度浸淫太久的緣故。本來他那套制度就不適合實施孔孟之道，硬把它套上去使用。久了（秦漢至清朝一千多年），就歪曲變味了。你皇帝口口聲聲說「親親殺」，為了權力，老婆、兒子、父親都可以殺；你皇帝天天強調「尊尊等」，你既是濫用職權的尊尊等，把大臣、士大夫當作奴才來使用，稍有點冒犯，就殺你九親，滅你三族。這等內容與形式不對稱的施行，孔孟之道非常人性化、道德化的功能就被扭曲和矮化了。就如那些反儒家的人所說的，你滿嘴仁義道德，背後既隱藏著齷齪骯臟、下流卑鄙的東西。這個制度上的扭曲和矮化，讓那些反儒家道德者們振振有詞，孔孟之道就是吃人的魔教，是阻礙中國進步的醬缸文化。其實，日本、韓國、台灣，都是儒家文化圈的國家和地區，何以人家就可以實現民主社會的轉型而不受到儒教的阻礙，而中國的儒教偏偏是阻礙中國的進步和發展呢？問題是顯而易見的，如果拿現在的中國大陸與上述國家、地區相比，哪個地方的儒家文化多一些？深厚一些？以我看當然是日本、韓國和台灣。拿孔孟之道的「仁、義、禮、智、信」來看中國大陸，可說中國儒教文化蕩然無存。就此而言，既然此國不存在此文化，何來從中作梗？這就不能視它是絆腳石或是丑陋的醬缸文化。中國人從制度上破壞孔孟之道已經很久遠了，到了近代愈演愈烈，很多人憒然不知，那個孔孟之道，他是封建社會的產物呀，你拿到專制社會去實施，他能不面目全非嗎？

孔孟之道的「雙刃劍」

　　記得我讀初中的時候，正直中共展開「批林批孔運動」的年代。中共發了一個批判林彪和孔子的文件，裡面有孔子的語錄。那是我第一次接觸孔子的學說，一讀，完全被孔子的話語傾倒了，覺得孔子的話句句說到心裡去。當時我就在日記本寫下心得：「孔子不是聖人，我也應稱他為聖人。二千多年前他就能說出那樣的話。」如今邁入耳順之年，但對當年的幼稚仍會發出會心的一笑。孔子的學說，是非常人性的。他的說教，不是命令式的教條，而是充滿人情味的話語。可以說，孔子是一個人類學大師，他對人類的心理學研究很有造詣，對人性的弱點研究很透徹。他的學說，以禮而立，以「知人」來展開，以「知天命」而終結。

　　孔子對其學說，是有一套周全安排的：他先以禮為立志做人，這樣他在人生的道路上為人做事就不會有偏差，就是說，在他「知人」以後，還可以往正確的方向前進。一個人，在他知道有好人有壞人，有君子有小人，有士人有鄉黨，有惡有善等等之後，就是說，一個人對人類社會及人性有深刻的了解以後，他會不會走上小人、壞人、惡人的道路？孔子是用禮來匡正人的行為的。有禮而立，他就會謹言慎行，不敢逾越禮的規範，這樣，他就會往做好人、善人的方向前進。而且只有你按照禮這個正確的方向前進，才能抵達「知天命」的最高人生境界。而人到了這個「知天命」階段，才知道天的可敬可畏，天道疏而不漏，順之者昌，逆之者亡。知天命是人生最完美、最具理想的境界。當你抵達「知天命」的境界時，你會感

嘆一聲：原來人生就是如此，天命不可違！人生至此，就可「隨心所欲，不逾矩」了，他達到了盡善盡美的境界。儒者是達到知天命的境界時，才產生對天的敬畏的。也可以說，儒是以知人作為入世，以禮（孟子以義）作為中介橋梁，以知天命作為終極來完成其人生目標的。

　　大凡道德的執行，都是要與宗教結合在一起的。你做了那些不好的事，那些違反道德的事，神就會懲罰你，讓你入地獄，不得好死，報應等等。而儒教沒有神，靠那個禮來約束，未免太過於柔軟了點。就是說，禮的震懾作用，是比不上宗教的有格神的。他表面做得很符合禮節，但暗地裡既一肚壞水，也不怕半夜鬼敲門。這個禮，靠什麼來維持呢？誠，就是孔孟特別強調的「誠」。對人對物都要以誠相待，誠也是通往知天命的道路。子思和孟子也強調以誠作為修身的重要組成部分。但誠不誠也是你自己的事，還是沒有多大的約束力，假如你不誠怎麼辦呢？孔子教你的方法還是靠你自己，他說「行己有恥」[1]用俗語說的，就是你做什麼事，要對得起天地良心。說假話，做壞事，會感到臉紅心跳，內心不安。自己做什麼事，要有一個羞恥之心才成。

　　從孔孟之道我們看到，一切都要靠自我修為，外界的力量是很難幫助你的。所以一旦這個人無恥、無誠，他什麼事都敢為、敢做。特別是那些偽君子、士大夫們（知識分子），做起壞事來更心狠手辣。因為他們「知人」，知道人性的弱點，而且手中又有權柄，做起壞事來還振振有詞，將道德玩於股掌之上。

　　由此我們就看到儒學的一個弱點：當一個人他「知人」，對人性非常了解，但還沒有知天命，不把天命放在眼裡，天不怕地不怕，他不選擇做君子，而情願做壞人、惡人。他視禮為蔽履，根本就不

---

[1] 《論語》，藍天出版社，2006年8月第一版，第257頁。

把禮當作一回事，就是說他不道德。你拿什麼阻止他或說懲罰他呢？孔孟說的就是要有誠心和有羞恥之心。這比起有神的宗教道德來說，其威懾力實在是過於柔弱。如基督教說人一生下來就有罪，做壞事不得進天堂等，其直指人心，從小就對你有一個威懾的作用。

有人也許會說，儒教不也有一個天道嗎？天命不可違，順之者昌，逆之者亡，人要敬天畏天，這個天命也有同等宗教神的威懾心理作用。這話說得不錯，問題是儒家的天命是在「知人」後才能體悟的。以孔子那樣很聰明、很有智慧的人，到了五十歲才知天命，那些芸芸眾生有多少人能知天命？在我們講知天命一章時有說過，天道是在人無思、無為、無欲、寂然不動的情況下感而逐通的，連孔子都罕言天命，那些普羅大眾，又有多少人能得天道呢？故說孔孟之道從知人到知天命，與普羅大眾是脫節的，只有極少數人能在知人的路上走入順應天命的極高明之中。如此我們就看到儒知人的兩面雙刃劍：「知人則哲，能官人。」[2]（《虞書・皋陶謨》）你知道人性的優、弱點，對人生的一切了如指掌，又有豐富的人生經驗，加上你手中又有權力，你能「官人」（掌控人的能力）就大大加強了。就是說，如果你有德性，你管理人民有條有理，人民能得到實惠，安居樂業；如果你沒有德性，人民就被你玩弄於股掌之上，處於水深火熱之中。這個「知人」太厲害了，他掌控著一切人性。他如何發揮，就成為「兩面刃劍」：好的很好，壞起來更壞。中國歷史上所謂的「明君」與「暴君」不斷交替上演，就是他們太「知人」了。孔孟之道講人性講得太透徹了，而且他的「知天命」道德原理又不能一下子接得上。這就使得他的整套道德在中間執行中出現漏洞：在這「知人」的道德規範中，孔子就這麼一招：「行己有恥」，靠你自己檢點你自己的行為，你要作起惡來他也沒有辦法。這一點

---

[2]　《尚書・今古文全璧》，岳麓書社出版，2006 年 3 月第一版，第 31 頁。

清朝儒者顧亭林看得最透徹。他說，「禮、義、廉、恥是謂四維，四維不張，國乃滅亡……然而四者之中，恥為尤要，故夫子之論士曰：「行己有恥」所以然者，人之不廉而至於悖禮犯義，其源皆生於無恥也。故士大夫之無恥，謂之國恥。」[3]（顧亭林：《日知錄卷十・廉恥條》）顧亭林是清初大儒，對明朝的滅亡有切膚之痛，他發出「四者之中，恥為尤要」正好說明儒學的這個罩門。儒鼓勵人出來做事，獲取功名、光宗耀祖是儒的榮耀。一個人入世做事，最佳的年齡是二十至四十之間，而這個年齡正是他天不怕地不怕的精力旺盛時期，就是說他正處在不知「天命」的人生階段。我們拿什麼來抑制他人性的惡呢？孔子「行己有恥」的道德約束力未免太弱了。它比起基督教的人生下來就有罪的教義，比起佛教的作惡報應都柔弱。一個人在社會的生存競爭中，他為什麼要讓步？要輸給那個人？當他運用手段時他就考慮到這樣做是不是不道德的？夫子的規範是「行己有恥」，覺得這是可恥的行為不能做；而宗教的是不符合道德規範的事不能做，做了就會受到上帝的懲罰下地獄，不能上天堂。這種內心的阻嚇作用誰大誰小就見分曉了。孔孟之道在這一點上顯然柔弱了些。但在認識人的本性上他又非常積極，從小就教人如何做人，把人的本性都看透了。這樣好起來好得不得了；壞起來更加壞。就像一個熟悉電腦程序的人，好的來說他將電腦應用得更有效率，壞的來說他製作一個木馬病毒，把你們的電腦統統搞壞。

　　本來在周文王、武王時代，新的封建分封制初建立，靠禮來維持人的行為規則是很有效的。但當人的欲望膨脹以後，其內心已不

---

[3]　引自梁啟超《中國近三百年學術史》，北京中國書店出版社，1985 年 3 月第一版，第 57 頁。

把做此事當作羞恥，那麼禮這個外表功能就起不到匡正的作用了。反而變成是演戲：假惺惺做給別人看的一套禮數而已。

儒學的興衰，從孔夫子創業起已在中國上演二千多年，其興也勃，其敗也速，這全在夫子的「知人」功夫上。他把這人性看透、做透了。「百世以俟聖人而不惑，知人也。」[4]一個人已做到沒有什麼人可以迷惑他，他治人的功夫可說到了爐火純青的地步了。堯舜有德，又知人，故其治下的社會就成為「大同社會」。桀、紂、秦始皇無德，但知人，故其治下的社會就成為「暴政」。講到「知人」而無德的莫過於毛澤東了。他將人民群眾贊為「真正的英雄」，又把知識分子打成「臭老九」。他知道「上智」人士的弱點在哪裡；知道「下愚」人喜歡什麼。他整人的手法，直倒你的心靈深處：「文革」時，那些知識分子被整得像狗兒一樣爬倒在地，斯文掃地。他就知道你心中所引以為傲的就那點知識、那點智能，他就偏偏把你這點驕傲踩了。他把你與豬狗為伍，奚落你連腳踏牛糞的無知農民都不如，讓你生不如死。這種透徹各階層人性的「知人」，可以說已到無與倫比的地步。有人說毛澤東是「混世魔王」，這一點也太不為過。這一點我們可以看出孔子的「知人」學說威力實在太大了；而抑制這一非義行為的「行己有恥」的規範能力又太小了。而「知天命」的威懾力又不能與「知人」直接發生作用（毛澤東至死都還天不怕地不怕，要與天鬥地鬥就是不知天命），而且那個「君王」不是由你選擇的，他是封建世襲制，繼承人是阿斗，你拿他也沒辦法。所以孔子的「不知命，無以為君子」實在太難了。

從孔子的「知禮、知人、知天命」三大學問來看儒學，我們就看出其中間環節的一個弱項：這個「行己有恥」沒有宗教的神來保證，實在太弱了。自漢武帝「獨尊儒術」後幾百年，唐朝突然興起

4　《大學、中庸》，華語教學出版社，1996 年版，第 91 頁。

佛教不是沒有道理的，以鬼神來威懾人心實在比儒教容易和作用重大。儒靠「自覺」的修煉實在難以阻擋世俗的利欲，這是儒「成也蕭何，敗也蕭何」的「知人」雙刃劍。宋儒排佛，朱熹們已發展到「存天理，滅人欲」的地步，但能有幾人知道天理的存在呢？人欲不僅滅不了，而且在儒的「知人」認識下，變得更加虛偽和醜陋。演變到清末民國初的五四運動，則把禮教視為「吃人」的東西。

　　當今的現代社會，那個稍微能框住人外在行為的禮已不存在，而對「知人」的學問越來越豐富，人的本性越來越偏向禽獸化發展。這個儒學「知人」的兩面刃，就更加突出和尖銳了。翻開當今各路檢討傳統文化的文章，基本上都持兩分法看問題，實則都是「知人」惹得禍。你無禮而立，又不知天命，拿個「知言」左右開弓，好壞由人任說了。可見孔孟的道德說教，他們強調人的性本善來為其道德體系作腳本雖行得通，但上升到「知人」（知言）階段時，其道德召感力就會進一步弱化。後儒，如漢朝董仲舒講天道五行的災變，說他有心或無心插柳也好，他這個天象預警多多少少是對「知人」道德規範的補償。天降災異，對皇帝是一種預警，皇帝要如何修德，布施於民，才能避免災難，這就近似於宗教神明的威懾作用。宋明的儒學，表面很排佛，但其天道，多多少少既摻入一些佛家報應的思想。儒從西漢的「獨尊」發展到宋明時期，中間有唐朝的興佛，他們不可能不知道「知人」的利害。沒有宗教鬼神的威懾，靠自我良心的發現，靠行義來駕馭「知人」，可說是「心有餘而力不足」。有後儒否認他們儒教是宗教，也反映出他們的尷尬：他們的天道，已發展成具有宗教神的性質，而又否認儒有宗教儀式的崇拜。這是儒教理論的一個缺陷。以我看來，孔子的學說，作為個人修身養性的道德法則是很有用的，但作為普遍的道德規範，極易走出偏差。

孔子與孟子之學同異

綜上所述，我們可以對孔、孟之道來做一個小結了。先說說孔子的學說。

孔子的學說，他是繼承周王朝時期的文化遺產，這點是很清楚的。總的來說，孔子把「仁」作為其最高理念，以「知人」作為方法論，以「禮」作為實踐橋梁來完成其整套道德學說的。就是說，孔子把實現「仁」（君子、聖人）視為其人生的終極目的，以「知人」作為認識論（後儒發展為「格物致知」），以「禮」作為實踐理性。我覺得孔子的學說有三大特點：

一、「為己之學」。德國哲學家叔本華說：「思想家可分成兩類，一種是專為自己而思想，另一種是為他人而思想。前者稱為「自我思想家」，只有這類人才能認真地思考事情，所以他們才是真正的哲人，實際上，他們一生的快樂和幸福，也是在思想之中；後者可稱為「詭辯派」，他們渴望人家稱他們是「思想家」。他們的幸福不是在本身中，而是在他人的喜好中。換言之，他們只熱衷於投世俗之所好。」[1]我們以叔本華所說的「兩類思想家」看孔子，孔子就應歸為「真正的哲人」這一類。他的「古之學者為己，今之學者為人」[2]就是很好的說明。他告誡人們「亂邦不入，危邦不居」、「邦有道，谷；邦無道，隱」等都說明他「明哲保身」的「為己之

---

[1] 叔本華：《叔本華文集》，中國言實出版社，1996 年 12 月第一版，第 72 頁。
[2] 《論語》，藍天出版社，2006 年 8 月第一版，第 284 頁。

學」。孟子對此也有發揮。他視「得己」為君子深造之學問。他把得道，就發揮自己的才能，不得道就獨善其身視為是「大丈夫」的行為。但孟子過分強調「義」，就把「為己之學」沖淡了。曾子的《大學》講「平天下」為儒的最高理想，但最終的目的還是落實到自我身上——「修身」，自我不修身，一切都落空。曾子是把「修身」放在整個道德體系的首位的，這與孔子的「為己」之學是一致的。《易》說「天下同歸而殊途，一致而百慮。」[3]這個「同歸」學說，以我看就是「修身」之學——怎樣做才是對我最有利和最有用：儒家、道家、墨家以及楊朱的極端個人主義都與這個「修身」有關。他們的學說，都觸及到「自我」這個人本問題。他們的不同，只是向外發展道路不同而已：道家「修身」是為了達到「無己」。莊子說「至人無己」[4]，又說「道人不聞，至德不得，大人無己，約分之至也。」[5]儒的「修身」在於「得己」，道的「修身」在於「無己」，而墨家的「修身」則是「忘己」——他們不顧自己的安危，要為大眾服務。與墨家相反的楊朱，則是惜身如金，「修身」為自己，成為極端的個人主義。這就是《易》所說的「一致而百慮」——人如何生存的問題。孔子的學說，其最高境界就是「得己」——使自己達到「縱心所欲，不逾矩」的境界。「不逾矩」，就說明有一個「自我」在，自己還存在，就得有一個「矩」來規範，如道家已「無己」，就不存在什麼逾不逾矩的問題。故我說孔子的學說，還是以「我」為中心的學說。

　　二、由於孔子為己而做學問，故他的學說是很實在的。整部《論語》記載孔子所說的話，都很實在，沒有言過其實，也沒有嘩眾取寵。孔子說過一句後人經常引用的話，叫做「我非生而知之者，

3　《周易正宗》，華夏出版社，2004 年 1 月北京第一版，第 659 頁

4　《莊子‧逍遙游》，華夏出版社，2005 年 1 月北京第一版，第 7 頁。

5　《莊子‧秋水》，華夏出版社，2005 年 1 月北京第一版，第 272 頁。

好古敏以求之者。」[6]（《論語‧述而》，第 138 頁）他就老老實實承認人的認識能力有限性，他不是天生就什麼都懂，是他好古敏求而知之的。樊遲問學種莊稼，他就說他不如老農。「衛靈公問陣於孔子，孔子對曰：「俎豆之事，則嘗聞之矣，軍旅之事，未嘗學也。」[7]（《論語‧衛靈公》）孔子不談「怪力亂神」，也說明孔子的實在性。不好說明的東西，孔子是不願意去說的。孔子不是絕對主義者，像孟子所說的生與義必取其一而「捨生取義」的比喻在孔子那裡是沒有的。我稱孔子為「圓融主義者」，有人問到死，他就說，「不知生，焉知死？」有很多事他不正面回答你。如他的「仁」，他就不給你一個明確的概念，什麼叫「仁」？宰我就是一個專門給孔子出難題的學生。《論語》記載，宰我至少給孔子出過兩個難題：一是說假如「井有仁焉」，你就跟著跳進去嗎？二是說你孔子不是很博學嗎？我就問問你比周朝還遙遠的「帝顓頊」的事，看你知道不知道？第一問題，孔子對宰我這個不倫不類的假設很生氣，說「何為其然也？君子可逝也，不可陷也，可欺也，不可罔也。」[8]（《論語‧雍也》）對於第二個問題，孔子則說他太過急了（「躁哉予也」）。總的來說，孔子認為宰我提這兩個問題是不實際的，是有悖常理的。我認為，孔子是個實在主義者，對於超出常理、常情的事情，他不直接對你這個問題作出否定或肯定，他用一種很智慧的語言來融合你的問題，實際上他已解答了你的問題。孔子是個很高明的教師。我們從孔子與孟子對「殺無道」問題的回答，就可以看出倆人的不同：「季康子問政於孔子曰：「如殺無道，以就有道，何如？」孔子對曰：「子為政，焉用殺？子欲善而

---

[6] 《論語》，藍天出版社，2006 年 8 月第一版，第 138 頁。
[7] 《論語》，藍天出版社，2006 年 8 月第一版，第 302 頁。
[8] 《論語》，藍天出版社，2006 年 8 月第一版，第 119 頁。

民善矣。君子之德,風;小人之德,草;草上之風,必偃。」[9]（《論語‧顏淵》）而孟子在回答周武王殺紂是否是殺君時,就直接為周武王辯護,說周武王殺紂是殺一夫,不是殺君。孟子還對《尚書‧武成》記載武王伐紂的「血流標杵」進行否認。他說:「盡信書,則不如無書。吾於《武成》取二三策而已矣。仁人無敵於天下,以至仁伐至不仁,而何其血之流杵也?」[10]（《孟子‧盡心下》）要知道,《尚書》是國家歷史檔案的記載,連周王朝本身都沒有否認,記錄在檔。你孟子出來否認,是否有些過於生硬?我們將孔子與孟子對比起來,就會看到,孔子很圓融,沒有絕對,他不會把一件事說是非此即彼。他也不會有孟子「捨生取義」的絕對比喻。所以陸象山說「夫子以仁發明斯道,其言渾無罅縫」是對的。孟子將孔子的學說用「義」攤開來說（即陸象山說的「十字打開」）就使夫子的學說有些變味了。他少了夫子的圓融性,多了點陽剛性。我前面已分析過,孟子的學說,破壞了孔子的天命觀,把孔子罕言天命與性的「渾無」打破了。也可以說,孟子是將孔子的「為己之學」變為「為人之學」的始作俑者。「為己之學」與「為人之學」有什麼不同?為己之學,是自己的思想、行為真實寫照;為人之學,是要照顧到別人怎麼想和怎麼做。孟子要把孔子的學說建立為道德說教,就必須立起一個普遍性和必然性的法則。這樣,他就必然顯現出非此即彼的剛性一面。

三、本文以「孔孟之道」為論說,似乎孔孟的學說是一致的,實際上倆人的學問是有所不同的。用孔子說「狂狷」（《論語‧子路》）兩字來解,即孟子過分發展了「狂」字,而擯棄了「狷」字。把「狂者進取」[11]的精神發揮得不錯,把「狷者有所不為也」[12]的

9　《論語》,藍天出版社,2006 年 8 月第一版,第 235 頁。

10　孟子:《孟子》,台灣揚智出版社,民國 86 年版,第 389 頁。

11　《論語》,藍天出版社,2006 年 8 月第一版,第 259 頁。

柔性精神掩蓋了。孟子雖有「不得志獨善其身」的說法，但其有「捨生取義」的意志衝動，如何能「獨善其身」呢？孟子的理論是有些自相矛盾的。一個理論，你將其十字打開，它就失去了圓融性。你非此即彼，兩分法只能是分析的，不可能是綜合的。孟子「捨生取義」的兩分法，正好掉入宰我設的邏輯陷阱：井裡有仁，你要不要跳進去呢？你不跳進去，就不是仁人，你跳進去，就會失去生命？孔子很聰明，直接指出宰我這個命題不成立（孔子：「何其然也？」）若依孟子「捨生取義」的說法，你必然要去做一個非此即彼的選擇。這樣，就正好掉進宰我設的圈套了。後儒將孟子的學說與孔子的學說合流，稱之為「孔孟之道」，目的雖都是一致的，但方法論則是有所不同的。孔子的道是寬廣的，到了孟子那裡，則變得有些窄了。他把孔子「克己復禮為仁」的「禮」的作用只當作一個「門」，出了這個「門」就是「義」來作用人生了。如果依後儒對天道與其道德論的解釋，我則得出這樣的一個結論：儒在「得志」時，不可能兼得天道，只有他「獨善其身」時，才能得天道。「得志」是在為人做事，不可能沒有偏差，即不可能沒有是非，物我兩相的矛盾論。「得志」之人只可能是「執的存有論」（牟宗三語），不可能是「無執的存有論」；只有你在「獨善其身」時，你才能真正把天道收攝進你的心中。儒家的所謂「慎獨」，不正是指你「自我」的感悟嗎？孟子把這兩者上下折騰，而導出他的意義，實則兩者是沒有必然的聯繫的。「得志」是一回事，「獨善其身」又是另一回事，這是人生兩個不同的境界，不可同日而語。孟子以「集義」來把這兩者聯繫起來，貫穿其道德形而上學，看起來很圓滿，實則其天道與人道是脫節的，這一點，我前面已有所論述。後儒還借用莊子的「內聖外王」來做儒的最高

---

[12] 《論語》，藍天出版社，2006 年 8 月第一版，第 259 頁。

理想，內又可聖，外又可王，兩者可以兼得，以我看來是不可能的。佛要空，道要無，才能講「涅盤」、「至人」的境界，你儒要有所作為，不空，不無，何以達聖人的境界？人道與天道可以相提並論，這是何方神聖？原來這也只不過是黑格爾否定之否定的辨證術而已。我稱此儒術為「意中之意」的辨證法：說天道時，將人道的東西裝進去，說這是天道規定我們人類應如此如此做的；說人道時，要求我們人類應如此如此做才能抵達天道。即將天道的不可知，以人道的可知來說之，《大學》就有「格物致知」。如此上下以意釋意，我們看其天道，好像是「無執的存有論」——沒有物的妨礙和沒有矛盾的對立，實則只不過是執意中之意。儒的天道「無聲無臭」，雖無物執，但其意象明顯，他有一個「執意」在。我們明瞭此中奧秘，就明白儒為什麼會有雙重的性格了：既可內聖，又可外王。實則這是兩回事，其內聖也只不過是莊子說的「江海之閒」（《莊子‧刻意》），即孟子說的「孔子登東山而小魯，登太山而小天下」[13]（《孟子‧盡心上》）的「盡心」，其心中還是不能超越那個「矩」——道德規範。故孔子遇到絕對的東西，他不能直接說明，要婉轉，要「渾無」。孟子要「十字打開」，要立場鮮明，這就給人留下詰難的地方。從這裡我們也可看出，孔子的「為己之學」變成「為人之學」後，他的學問就變質了。後儒處處要為別人著想，要為別人量身打造，當然非此即彼的教條就出來了。這哪有孔子讓你自己想想，將心比心的寬容態度？「為己」，一切為了自己。所以他就不能說違心的東西，一切都是他內心的自然流露。這種學問，是非常實在的。自孔子歿，儒的「為己之學」就少見了。自孟子注入剛性的「義」不容辭學說後，儒學就出現二律背反了，所謂的「生」與「義」必選其一的絕對論，

---

[13] 孟子：《孟子》，台灣揚智出版社，民國 86 年版，第 367 頁。

將孔子的圓融哲學打破了。他把孔子的學說推上近似宗教教條的性質，雖然奠定儒學在中國歷史上的地位，但儒學已無孔子「為己之學」的性質。他已發展成為做什麼都要為別人的「為人之學」。子思的《中庸》講「修身」首先要「思侍親」，沒有這個「思侍親」的服務條款就談不上講「修身」。這個預設的前提條件就充滿著「為人之學」的性質。所以儒學成為思辨的道德哲學就是一個必然了，他已摒棄了孔子「為己之學」的性質，成為處處為他人的教條了。

　　寫到此，我之書名為《孔孟之道判釋》，將孔子之道與孟子之道放在一起來論，實際上兩者是有區別的。在孟子那裡，孔子那種遇到危險的事有點害怕、不明白的事就說不知道、有時「狂」一下、有時又「狷」一下的可愛形象沒有了，代之而來的是義憤填膺的英雄氣概。可以說，孔子是非常人性的；孟子則是高揚的個人英雄主義。孔子可以做一條可愛的「喪家之狗」[14]（司馬遷：《史記・孔子世家》），而孟子則是「大義凜然」。孔孟是否同道？或是分道揚鑣？我則以「為己之學」與「為人之學」而論。孔子說他「後世知丘者以春秋，而罪丘者亦以春秋。」[15]（《史記・孔子世家》）讀者自有其見仁見智矣，我亦不必為孔子作猜度了。

---

[14] 司馬遷：《史記》，中華書局出版，第 1548 頁。
[15] 司馬遷：《史記》，中華書局出版，第 1564 頁。

結論

　　我以「知禮、知人（知言）、知天命」三大命題論孔孟之道，盡可能地還原孔孟之道的面目。禮是由天道下的演變而生成的人類賴以生存的天下文化。無禮，則無以為立。孔子這個禮，是立起人類文明的外在形式。沒有禮作為外在形式，孔子的仁學是不能成立的。我們知道，《易經》所說的天道就是「陰陽」之道，而天道下演變來的人道，其最基本原理就是「夫婦之道」。《易經・系辭傳》所釋出的一個人類價值原理就是：如何使人類繁榮昌盛，長住久安？孔子就是看中周禮這個文化可以使人類文明發展。這個周禮，一是講「親」，二是講等級。這兩者架構出孔子的人類生存學問：即人類在天道下如何找出一條最文明的生存之道？它是有別於禽獸界的野蠻，而又井然有序、和諧的人類生存之道。「親親殺」，他把人類繁殖本性和義務說出來了；「尊尊等」，他把社會的架構和如何有效運作說出來了。孔子就這樣用「仁禮」來文化人類生存之道的。他的道德倫理：講親，講孝悌，講敬祭，講「君君、臣臣、父父、子子」等一套「禮」的形式來規範人的行為；又用仁作為人的理念來堅定人的信仰。可以說，孔子這套人類生存學說，既文明又開化。用當今的話說，是一條非常理性的人類生存之道。孔子這套學說，在人類文明史中，也是很獨特、很有價值意義的道德觀。大凡很多道德觀，都以神話來開啟，也就是說，它是有宗教色彩的。唯獨孔子的道德說教是以天道來成全的（後來的儒教又是另一回事）。有人認為孔子這套禮，是毀殺人類天性自由的罪惡禍首。但

他們不想一想，早在幾千年前，很多地方的人類還處在野蠻、未開化時代，中國人就創造了這套「典禮」制度了。如儒家說的愛其親、祭拜祖先等，這在現代文明社會也是不能廢棄的。你不講「愛其親」，不講「孝悌」，父母對子女沒有養育的道義責任心，子女也沒有對父母孝敬心，對祖先也不尊重，死後把他丟在亂草崗中就算了事，沒有祭拜和懷念。這樣的作為，人類如何繁殖發展？《易經·系辭傳上》曰：「乾以易知，坤以簡能；易則易知，簡則易從；易知則有親，易從則有功；有親則可久，有功則可大；可久則賢人之德，可大則賢人之業。易簡而天下之理得矣。天下之理得，而成位乎其中矣。」[1]孔子，就是在這個天道下，創立一套人類文明的行為規則。他要把人類的事業做久做大。孔子可說是有「賢人之德」和「賢人之業」的偉人。孔子的學說是靠禮立起來的。禮是孔子仁的道德載體。無禮，孔子的仁不可能體現。當今社會很多士大夫出來講仁政、講平天下，可是你既沒有建立半點禮數，你的和諧社會怎麼立起來？

其二是：在沒有禮教的社會下，講知人（知言）、講科學發展，這個社會更危險。它不再有「廉恥」之心，一切都是權謀的世界。禮，無論你反孔派如何說它虛偽，沒有它，就等於說你連遮羞布都不要了。做個樣子都不需要，這就是赤裸裸的了。赤裸裸的知人，和諧的社會能建立起來嗎？知人，要在禮的規範下進行，否則，知人是很容易走偏差的。

其三，知天命是做君子所要探索的事，不是平民百姓所要了解的事。歷代儒者把這個命題錯置了。他們把它與儒學的一整套道德倫理捆綁在一起，一則破壞了天道的靜觀理念，二則使儒家的道德倫理產生悖論。它不再是黃帝、堯、舜的「無為而治」的君

1 　《周易正宗》，華夏出版社，2004 年 1 月北京第一版，605 頁。

子學，而是要有所作為的道德倫理學。此後儒的天命觀，與孔子的君子學落差最大。孔子知天命的君子，是無所作為的。孔子說「無為而治者，其舜也與？夫何為哉？恭己正南面而已矣。」[2]（《論語・衛靈公》）而後儒的君子，強調的是有所作為的。如今很多人不明白，坐在君子的位置上是不需要很多作為的，作為越少，對人民越有利。這是孔子做君子之學的精髓，也是歷代君王所驗證過的真理。哪一個朝代的皇帝越有作為，那一個朝代的人民罪孽就越沉重。這就應驗當今民主社會所說的：與民爭利的政府不是好政府。秦始皇、毛澤東就是作為大多，人民的方方面面他們都要管，而不去作君子知天命的無為靜觀。所以孔子的知禮、知人與人民大眾有關，它是道德教化相輔相成的兩個方面，缺一不可。而知命則是做君子的進修之學。它是一種實踐理性的靜觀，與道德教化沒有必然的聯繫。

---

[2]　《論語》，藍天出版社，2006 年 8 月第一版，第 305 頁。

附　錄

「井有仁焉」考

　　《論語・雍也》記載，「宰我問曰：『仁者，雖告之曰：「井有仁焉，其從之也？」』子曰：『何為其然也？君子可逝也，不可陷也，可欺也，不可罔也。』」[1]儒學者對宰我的這個「井有仁焉」，一直以來都是作「有人掉進井裡」的解釋。將這個「仁」解釋為「人」。我想，儒學者之所以如此解釋，原因大概來自兩個立足點：一是孟子將「仁」解釋為人。孟子有「仁也者，人也」[2]的說法；二是宋儒朱熹的解釋，他在《論語集注》對「井有仁焉」也是將此「仁」解釋為人，作「有人掉進井裡」解。朱熹解說「劉聘君曰：「有仁之仁當作人」，今從之。從，謂隨之於井而救之也。」[3]（《朱子論語集注・雍也第六》）孟子是儒界的亞聖，而朱熹則是儒學泰斗，倆人的說法，豈有兒戲？千百年來，這個解釋就不容置疑了。現代中國的許多國學大師們，對《論語》宰我這個「井有仁焉」的解釋，也是拾取朱熹的說法。中國大陸劉強編著的《論語》（藍天出版社，2006 年 8 月第一版，第 119 頁）也是作此解釋，台灣中正書局出版的《論語・孟子集注》也是作此解釋。

　　我們來個識破「皇帝新衣裳」的那個天真無瑕小孩的發問，朱熹這個解釋就站不住腳了：宰我明明說是「井有仁焉」，說的是「仁」，怎麼這個「仁」突然變成了「人」呢？反過來說，宰

---

[1]　《論語》，藍天出版社，2006 年 8 月第一版，第 119 頁。
[2]　孟子：《孟子》，台灣智揚出版社，民國 86 年版，第 398 頁。
[3]　朱熹：《四書章句集注》，中華書局，1983 年 10 月第一版，第 91 頁。

我為什麼不說「井有人焉」，而說「井有仁焉」呢？很顯然，宰我說的是「仁」而不是「人」。仁與人是否可以通用？我們來看看宰我與孔子的整個對話。這段對話翻譯成現代漢語就是：「宰我說「（假如說）井裡有仁，你就跟著跳進去嗎？」孔子說，「這是什麼話？君子可以去死，但你不能誣陷他；可以欺騙他，但不能罔顧他的存在。」宰我對老師孔子「仁」的挑戰是非常明顯的：你把仁說得那麼好，仁是人追求最完善、最美好的東西，假如說井裡有仁，你要不要跳進去取仁呢？孔子聽了這話非常生氣，直指「何為其然也？」就是說，孔子認為宰我這個假設是非常荒謬的，是不能成立的。井裡怎麼會有仁呢？所以才有孔子直訴宰我下面這段話。孔子的生氣，是覺得宰我亂拿一些不倫不類的假設來比附、質疑君子的仁。宰我與孔子這個「井有仁焉」的對話，打個近似的比方來說，就如一個神父或牧師說上帝（如孔子說的「仁」）如何如何好，只要你得到與上帝在一起，你的人生就非常美滿幸福了。這時有一個人（宰我）站出來質疑神父或牧師：你說上帝那麼好，假如井裡有個上帝，你會不會跳進去呢？神父或牧師聽了這話當然非常生氣了，你這不是無理取鬧嗎？井裡怎麼會有上帝呢？信教的人可以隨時為上帝獻出生命，但你不能拿那些不倫不類的假設來誣陷他；你可以對他進行欺騙，說些無事實根據的東西，但你不能否認上帝的存在呀。我以為宰我與孔子這段對話，就有點類似這樣的命題。朱熹把「井有仁焉」這個「仁」解釋為人，就有點錯置了。如果我們把這個「仁」作為「人」解，人掉進井裡，是有可能發生的事，這就證明宰我的假設是有道理的，你要不要跳進去救人來考驗你這個仁人就不是胡言亂語了。就是說，宰我的提問是很正當的，你孔子的「何為其然也？」的生氣就沒有道理了。如我們把宰我問的就是「仁」，孔子的生氣就有理由了：井裡怎麼會有仁呢？你不是無理取鬧嗎？所以我認

為朱熹在這裡把仁解釋為人是錯的，宰我說的就是「仁」，即說井裡有仁，而不是說井裡掉進一個人。

我持這個看法，是我覺得在《論語》的孔子，是個非常圓融的人，他一般對別人的提問，都會很委婉地作出回答。如季康子問政於孔子曰：「如殺無道，以就有道，何如？」孔子就答說「子為政，焉用殺？子欲善而民善矣。」[4]（《論語‧顏淵》），又說「暴虎馮河，死而無悔者，吾不與也。必也臨事而懼，好謀而成者也。」[5]（《論語‧述而》）就連宰我對父母喪三年的守孝認為過長，孔子反問他你心安不安，宰我答說安，孔子也是很溫和地說你心安即可（《論語‧陽貨》）[6]。就是說，孔子是個不做極端的事、也不說極端的話的人。為什麼宰我這個提問，讓孔子那麼生氣？說出君子可以去死的話呢？假如說宰我說的是「有人掉進井裡，」孔子完全可以答他，「你想辦法去救他呀，何必一定要跳進井裡去呢？」而《論語》記載孔子聽完宰我的話不是如此回答，而是非常生氣地斥責宰我。以我看就是宰我亂編造「井有仁焉」這等無現實意義的事來詰問孔子，使孔子生氣。我們知道，孔子的仁，是在心中生出的，是由心性發出的，怎麼變出個「井有仁焉」來呢？可以說，宰我這個「井有仁焉」，是對孔子「仁」的極大誣蔑。孔子不怒責宰我，那才怪了。其二是孔子的仁，是一個理念，有點近似柏拉圖的理想國或說上帝的理念，他沒有一個確切的概念和定義，沒有具體的意指它是什麼東西或某物象。我們翻開《論語》看孔子所說的仁，就完全可以證實這點。而宰我正是把仁當作一個物件的東西來詰問孔子，讓孔子生氣。仁好似一個物件（如金子或一個具體的人之類），掉進井裡，你要不要不顧

---

[4] 《論語》，藍天出版社，2006 年 8 月第一版，第 235 頁。
[5] 《論語》，藍天出版社，2006 年 8 月第一版，第 131 頁。
[6] 《論語》，藍天出版社，2006 年 8 月第一版，第 360 頁。

生命危險跳進去取？朱熹們將「井有仁焉」這個「仁」解釋為人，正中宰我假設的套圈：要不要去救人，就看是不是「仁人」了？這正是孔子惱火所在：你把我這個「仁」看成是什麼東西了？其實這個「仁」不是像你宰我所假設的那麼簡單，是一個物件或具體的人，用犧牲生命就可以換取的。

最近我讀到中國大陸很多關於《論語》解釋的文章，他們對《論語》「井有仁焉⋯⋯」這段宰我與孔子的對話，都沿用朱熹的注釋，說宰我是第一個敢於站出來反對孔子的人，稱贊他是個很了不起的人物。如此將宰我打造成具有獨立思考的造反英雄，說「儒家理論和實踐相背離，宰我可以說找到了儒家的罩門。」（見藍田：《宰我思想考》）我們且不說宰我所謂的反孔與史實記載不符（宰我最終還是孔門子弟），就說宰我的挑戰是否真的有那麼大的威力——找到了「儒家的罩門」？這是令人值得懷疑的。若以我對「井有仁焉」這個解釋，宰我的這個提問，簡直就是小學生對大學教授的提問，思想水平差得遠了。藍田這個牛角尖的《宰我思想考》，能考出什麼名堂來是可想而知的。如以大陸學者的考究，宰我的思想真的超越孔子了。作《論語》的那般孔子弟子，不是吃乾飯的，他們不能為孔子隱嗎？宰我真的詰倒了老師，弟子還會把這事記載下來嗎？從這一點來看，亦可側面證明我說「井有仁焉」這個「仁」只作仁解而不能作「人」解。作「人」解，就證明宰我說的很有道理；作「仁」解，就證明宰我的荒謬性，宰我根本沒有真正理解老師孔子這個「仁」是什麼？從《論語》的記載我們也得到這個證明，整部《論語》記載只有一次孔子贊顏回「其心三月不離仁」，其他弟子仁不仁，孔子都答說未知也。宰我對仁的無知，在「井有仁焉」的對話中，也可說暴露無遺了。《論語》是記錄孔聖人真理的話語，不可能錯將「仁」作為人掉進井裡來擺烏龍的。朱熹們這個美麗的「誤會」，可謂「失之

毫厘，謬之千里」，一字解釋之差，竟讓現代中國學者將宰我打造
成反對孔子的英雄。宰我是困於井裡的「仁」不能自拔，而大陸
的一些學者則是借宰我的問題而想打倒孔聖人。這個「井有仁焉」
的困境，應該有個水落石出了。

「唯女子與小人為難養也」判釋

　　孔子說，「唯女子與小人為難養也，近之則不遜，遠之則怨。」[1]（《論語·陽貨》）孔子這句話，為當今中國人討論傳統文化炸了鍋：反孔人士認為，孔子歧視婦女，他的學說是腐朽糜爛的封建文化，是不符合現代民主、人權社會的要求的。反孔人士的確切「證據」，直逼尊孔人士招架失守。翻開當今尊孔人士的文章，其對孔子這句話的解釋，大概有如下幾點：

一、孔子說的「女子」是在某一環境下所說的話，是單稱，特指。並沒有代表所有的婦女。因此說孔子這句話說是歧視婦女並沒有普遍的意義。

二、有說孔子是見南子後說這句話的，這個「女子」是單指南子，並沒有指所有的女人。這個辯稱，與上一條並沒有多太區別，也是為孔子開脫。

三、孔子在當時封建男尊女卑的嚴密等級制度下說出那番話。這並不是孔子個人的過錯，而是反映當時的社會實況，是時代的局限性所造成的。

四、有的解釋就鑽牛角尖了：說「女」字，在古代亦當「你」字解，「女子」也可以當作「你的兒子」解（後面有「小人」，而前面稱「女子」而不稱「女人」也是一個費解？）；而「小人」，有時也指「小孩」的意思。這個解釋就顛覆了原來「女子「與

---

[1]　《論語》，藍天出版社，2006 年 8 月第一版，第 363 頁。

「小人」的意義。縱觀反孔與尊孔人士的防攻戰，你就會發現他們都圍繞著孔子的章句解。就是按孔子的說辭逐字、逐句進行分析。也就是通常意義上的「訓古」詮釋。這種解釋，要麼精準度很高，與歷史復合；要麼就產生許多歧義，眾說紛紜。本文試圖從另外幾個角度對這個問題進行考察，求以能比較公允地對孔子的評價。

孔子是否對女人有偏見與傲慢？單從「唯女子與小人為難養也」這句話來證明，似乎證據單薄一些。我們再來看看孔子是否還有說過對女人不敬的話，就證據比較充足了。請看《論語・泰伯》的一段話：

> 舜有臣五人而天下治。武王曰：「予有亂臣十人。」孔子曰：「才難，不其然乎？唐虞之際，於斯為盛。有婦人焉，九人而已。」[2]

孔子是周王朝制度的忠實繼承者和發揚者。按理說，他的開國元首說過的話，是不能否定的。周武王說過他有十大功臣，其中有一個是女人，孔子就否定說只有九人。武王說這句話，是在《尚書・泰誓》裡面記載的。《尚書》是記載歷代王朝重大事件的文書，相當於現代的國家歷史檔案文獻。周王朝歷代以來都沒有否認，而孔子既否定了：女人無論如何了得，都不算是人才。孔子對女人的偏見與傲慢可見一斑。孔子為什麼對女人有如此偏見與傲慢呢？我的理由是：

一、孔子所處的時代是父系社會盛行的時代。如孔子講的「君君、臣臣、父父、子子」就沒有講「母母」的。說明當時的等級制

---

[2] 《論語》，藍天出版社，2006 年 8 月第一版，第 167 頁。

度，是沒有將女人排列在內的（沒有講母子關係，只有講父子關係）。周朝的封建分封制是「公、侯、伯、爵、男」五等，也沒有女人的份。可以說，在孔子那個時代，女人的地位是很低微的。孔子對女人的偏見與傲慢，是時代的悲劇，並不是孔子一人的過錯。

二、從孔子成長的家庭背景來看，孔子對女人有偏見與傲慢情有可原。據《史記》記載，孔子是他父母「野合」而生。也就是說，孔子的母親還沒有與他父親正式結婚就懷了他並生下他。這在當時禮教森嚴的社會裡，是有些不光彩的，這是否給孔子的心靈帶來創傷，不得而知。但對於以「克己復禮」為己任的孔子來說，肯定是一個尷尬。你「非禮勿視，非禮勿聽，非禮勿言，非禮勿動」[3]（《論語・顏淵》）等等，一切以禮為行為準繩，而你父母既做出一些不合禮教的勾當。這確實是有些難堪的。孔子出身貧窮家庭，三歲時父親就去世。母親孤苦伶仃，不僅要日夜為家計操勞，而且也要叫孔子幫忙，做這做那。故孔子說他「吾少也賤，故能多鄙事」[4]（《論語・子罕》）。在《論語》中，沒有片言隻語記載孔子說他母親的事，也許在孔子看來，母親沒有什麼值得他驕傲的，也沒有什麼偉大之處。她，平平常常，辛勤勞苦一生，有時孔子做得不對，母親也會埋怨、訓斥他。在這樣的家庭環境下生長的孔子，能有多少母愛，從而又對女人產生巨大好感是很值得懷疑的？

三、從孔子自己的家庭背景來看，孔子對女人的偏見和傲慢與他的妻子有很大關係。孔子育有一男一女（女兒嫁給公冶長，兒子名鯉），年輕時在魯國做過一陣子官，然後就周遊列國。孔

---

[3] 《論語》，藍天出版社，2006 年 8 月第一版，第 222 頁。

[4] 《論語》，藍天出版社，2006 年 8 月第一版，第 173 頁。

子在國外過得並不好，《史記》記載他「斥乎齊，逐乎宋、衛，困於陳、蔡之間，於是反魯。」[5]（《史記·孔子世家》）又說「孔子之去魯凡十四歲而反乎魯。」[6]孔子離家出走十四年之久，在外窮困潦倒，出生入死。可說是身無分文，根本就沒有能力寄錢回家養兒育女。他太太一個婦道人家，在家帶著兩個子女，這十四年生活是如何過的？可想而知是多麼的艱難困苦：不僅要做家務事，而且要做男人外面耕作的農務。作為一個女人，特別是一個為人母的女人，她不怨孔子才怪了。以當今現代的婚姻法來說，三年夫妻不同居，就算是協議離婚了。孔子與他的妻子、家人分居達十四年之久，這個婚姻可說是形同虛設，已沒有實質性的婚姻意義。史書雖沒有記載孔子與他太太的關係如何，也沒有半點孔子妻的史料。但我們從孔子一生的經歷、活動的史料來分析推測：孔子與他太太的關係是不那麼和諧的，甚至我認為，是他太太與他的關係長期僵持，對他埋怨和不遜，才有「唯女子與小人為難養也，近之則不遜，遠之則怨。」的感嘆。以孔子對周禮的嚴格遵從，他「近之」的女子不可能是別的女人，而是他的妻子；而「遠之」抱怨他的女人是誰呢？當然是他的女人，與他沒有關係的女子抱怨他幹嘛？我以為孔子這句話，多是他對妻子的作為感受而說的。

孔子一生為恢復周禮而奮鬥，出生入死，窮困潦倒，「累累若喪家之狗」[7]（《史記·孔子世家》。以我們今天的眼光來看，他是個理想主義者。理想主義，就是不切實際，有些不吃人間煙火的味道。我們以此來觀孔子，就會對孔子有一種情同的理解。他為

---

5 司馬遷：《史記》，中華書局，2005 年 3 月第一版，第 1540 頁。

6 司馬遷：《史記》，中華書局，2005 年 3 月第一版，第 1558 頁。

7 司馬遷：《史記》，中華書局，2005 年 3 月第一版，第 1548 頁

了他的理想，一心在外張羅奔波，照顧家庭的事就忽視了。我們以至聖先師來看孔子對人類文化的成就，就益感化出他家庭生活的悲劇來：離多聚少，夫妻不和，子女的教育也不是很成功：女兒嫁給囚犯（公冶長坐過牢），兒子早夭（只活到五十歲早孔子離世）。以此來論孔子，孔子並不算是個「成功的男人」。但以文化來論孔子，孔子是很偉大的。世界很少有一個人，像孔子那樣，享譽歷久不衰，中國幾千年的文明，都在重複著他的文化。他對中華民族的功德，是不可磨滅的。以我對孔子這句話的理解，我反倒覺得孔子是個非常豁達、寬容、文明的人。女子和小人無論怎樣對他怨恨和出言不遜，他並沒有對她們拳打腳踢，也沒有把她們休了，而是要「養」著她們，只是認為比較「為難養」而已。我們無論如何理解孔子這個「難養」，是物質的「養」還是精神文明的「教養」，這項工作都是不好做的。看看今天中國的啟蒙工作是多麼艱難？爾等平民百姓（弱勢群體）與女子敢對當今的大人們抱怨和出言不遜嗎？不要說養你，等著你不是往死裡打就是休掉你，有容得你亂說亂動的雅量嗎？而孔子說的女子與小人，在當年正是弱勢群體，「難養」是個現實的社會問題，由孔子點出，說明孔子的社會責任心很強，時時不忘要教養他們，只是覺得工作有些艱巨、吃力不討好，較「為難養」耳。

「君君、臣臣、父父、子子」判

　　《論語・顏淵》記載說，「齊景公問政於孔子，孔子曰：君君、臣臣、父父、子子。公曰：善哉！信如君不君，臣不臣，父不父，子不子，雖有栗，吾得而食諸？」[1]孔子在這裡說的是什麼意思？他的政治理念是什麼？齊景公的「問政」，顯然問的是關於政治運作問題。一個國家，如何治理呢？從上到下，它必然要有一個社會分工。用我們現代人的話說，就是從國家政府機構到家庭組織，再到個體的人，都要有一個社會分工位置。你處在哪個位置，你就得做好你的本位工作，不能越界做不是你本位的事。如一個國家的元首，你的工作就是調動、指揮各部會的首長做好他們部門的事。你不能天天去與農民種田、下礦井與工人吃飯來做你的親民秀。孟子也批評過這種現象。一個國王對孟子說他不辭辛苦，下田去與農民種田，算是一個勤政的國君了吧？孟子嚴厲地批評這個國王，你做國王，不好好去做管理人民的事，既去做種田的事，這叫不務正業，不是一個國君的所作所為。孔子答齊景公的，就是政治運作程序：君子、臣子、父親、兒子，都各有其本分，你做好、擔當好你的本位角色，整個社會的政治運作就暢通了。也就是說政通人和了。齊景公回應孔子說「善哉！」也表達這個意思。你不遵守本位，做君子的不像君子樣子，天天吃喝玩樂，不理朝政；而做臣子的，不是如何做好、執行國君的政令，整天想的是如何取代君王的位置，謀

---

[1] 　《論語》，藍天出版社，2006 年 8 月第一版，第 230 頁。

奪他的王位；或是想的不是為國王辦事，而是如何中飽私囊，為自己撈到好處。而整個社會，就連最小社會組成單位——家庭：做父親的不像父親，不去好好工作照顧家庭，做好養兒育女的事，沒有父親的威嚴與責任；而做兒子的也不孝敬父母，還對父母拳打腳踢。你說，整個社會不是亂了套嗎？人人沒有一個安全感。這就是齊景公說的，即使有糧食堆積成山，他又能拿到什麼來吃？孔子在這裡強調做人要安分守己，不要超越自己的職責範圍，做出與自己身份不符的事。我們來看孔子作《春秋》，其意旨也是批判那些「君不君、臣不臣、父不父、子不子」的社會亂象的。太史公論孔子的《春秋》說：「夫春秋，上明三王之道，下辨人事之紀。別嫌疑，明是非，定猶豫，善善惡惡，賢賢賤不肖，存亡國，繼絕世，補敝起廢，王道之大者也。春秋：殺君三十六，亡國五十二，諸侯奔走不得保其社稷者不可勝數。察其所以，皆失其本已。」又說：「夫君不君則犯，臣不臣則誅，父不父則無道，子不子則不孝。此四行者，天下之大過也，以天下之大過予之，則受而弗敢辭。」[2]用我們當今的話說，孔子強調的是社會程序性。人們在不同的崗位上做好自己的本己工作，這樣社會就太平和諧了。這個程序法則也就是孔子所說的「禮」。至於君子要如何做，臣子要如何做，父親、兒子要如何做？三王之道都有一套標準的。什麼是明君，什麼是良臣，什麼是好父親，什麼是孝子？三王五帝以來都有一個傳承下來的法制，周王朝時期就更完善了。荀子著有〈王制〉、〈臣道〉等文章，就是闡述先王君臣之道的。孔子並沒有回答「假如君子不明，濫殺無辜怎麼辦」這個問題。也就是說，孔子只提出法律程序執行的問題，沒有提出改革法律制衡的問題。很多人指責孔子這個「君君、臣臣、父父、子子」的等級制度太過於荷嚴，皇帝的權力過太，

2　司馬遷：《史記》中華書局，2005 年 3 月第一版。

致使中國人奴性化。其實，這一指責是矛頭錯位了。孔子並沒有說你君子做得不好不可以換呀，他是說你做君子的要有君子之道。(孔子沒有提出換君的思想，我推演的是孔子所處的春秋時期，周王朝的天子微弱，很符合孔子「君子無為而治」的思想。社會的動亂，是諸侯不遵守周禮所造成。故孔子提出的是如何履行「禮」的問題，而沒有提出如何更換「領導人」的法律問題。也就是說，孔子想的是如何按照制度程序走的問題，而不是想如何改變這個制度的問題。我這個推演也與孔子的「克己復禮」思想相合。孔子壓根兒就沒有想過要改變周王朝這個制度，他覺得周朝這個制度太完美了！(「郁郁乎文哉！吾從周。」) 故說，現代人拿孔子「君君、臣臣、父父、子子」來指責他是造成中國人奴婢、思想禁錮、封建獨裁專制的罪惡禍首是沒有道理的。他說的是程序問題，而不是制度更改的問題。造成當今中國沒有民主的局面，罪不在孔子，而在於秦漢以後所推行的君主專政制度。孔子的話被歷代君王利用了。我在這裡舉一個最簡單的例子，如現代國家的外交部長，你對外發言，一定是執行國家元首的意志。你不能說與國家元首意見相左的話。你這個做臣子的職責，就是要執行君子的意志的。這就是君臣關係。伊拉克薩達姆政權在美國攻打它要倒台時，他的外交部長阿齊思對外發言還是要維護薩達姆政權。表面看來他面目可惡，實際上他是在忠實地履行君臣關係 (後來抓到他，他就把這一切都推給薩達姆，說是薩達姆叫他幹的。此事證明他當時是在履行君臣關係，說那些話是否是他本人的意思就另當別論了)。這種君臣關係，它是有一個不得已的義理在那裡的。它是一種上下關係，即使你有不同的意見或想法，也要去執行你長官的意志。當然，你可以用辭職、裝病等方法逃避執行這個任務，但這個上下的等級義理是不能改變的。我們以此來看孔子這句話，他說的就沒有錯。我在德國開一個小企業，對此最有感觸，大凡請民主國家的職工，他都會按照你的

吩咐去做，而我們大陸來的人，很容易與你對著幹，其造反精神很強烈。這種現象，多多少少反映出我們把孔子這個尊等關係丟失了。孔子這個等級制度的道德倫理，也是天道的一條義理，天道一破，人類社會就亂套了。當然，孔子只提出執行制度的程序問題，沒有提出要改變不合理的制度腐敗問題，這是孔子的不足。也是歷史的局限性。從這裡我們也看出孔子對禮的偏重，他認為只要按照禮來行事，上下等級關係就順通了。他沒有想到假如君子不履行君子禮怎麼辦？這也是後來的孟子所思考的問題，孟子特別提出義，以義來補禮的不足。不過他也只能看到湯武革命、周武王殺紂建立新王朝的那種方式，並沒有看到現代民主選舉的方式。本來周朝的封建社會制度是比較寬鬆的，轉型到希臘型的城邦民主社會是有可能的。可是由於秦國的強大，並吞了六國，秦始皇建立君主制，進一步加強了他的王權，使這個脆弱的封建民主萌芽破滅了。後來的君主制度，把孔子的「君君、臣臣、父父、子子」，不是作為一種程序形式在執行，而是作為加強君權不可逾越的一套嚴密等級制度。即中國人說的「君要臣死，臣不得不死」的絕對王權制度。皇帝是一貫正確的，永遠不會犯錯的，犯錯的是下面的人。這完全違背孔子說這句話的精神。孔子那個「你在哪個位置上，你就要有那個品位的道德」的精神沒有了。歷代王朝君主制的兩個特點：一是皇帝一言九鼎，絕對正確；二是臣、子絕對死忠，不能有半點怨言。人們把這個罪責推給孔子的「君君、臣臣、父父、子子」，實在是有點冤枉了孔子。

　　孔子提出這個等級制度，是其天道文化的一個構造。天道就是如此一層一層演變而來的：「是故易有太極，是生兩儀。兩儀生四象。四象生八卦。」[3]我們現代的社會結構，也是國家元首、部長、

---

[3]　《周易正宗》，華夏出版社，2004 年 1 月北京第一版，第 635 頁。

省市長一直到鄉鎮長等，都有一個等級制度。一個人類文明的社會，必然要有一個有序的社會結構；有結構，必然要有一個等級關係。沒有等級關係，只能是無政府狀態。從孔子這個等級關係也給我們一個另類的思考：要是君不君，臣不臣，父不父，子不子，我們怎麼辦？這就給出民主制度的思考來了：你國家元首做得不好，就用選舉的方法把你選掉了；你臣子做得不當，長官就把你撤職了。我們往「做什麼，像什麼」的方向理解孔子這句話，就會得出積極有益的意義。若往「君臣等級制度不能變」去理解，就得出孔子是嚴密的等級制度倡導者。我是傾向前者理解孔子的。如果說孔子堅持等級制度不能變，那他怎麼能從一個窮苦家人做到士大夫的官（孔子做過魯國的官）？孔子是提倡通過努力進取去改變自己的命運的，他的「學而優則士」就可以證明。孔子還說過「不在其位，不謀其政」的話。這就說明孔子的「君君、臣臣、父父、子子」的話不是強調等級關係；而是強調你在什麼職位，就要做出與你職位相稱的行為。孔子自稱他所處的時代，是「禮崩樂壞」的時代，他只是想恢復周公那時的美好社會秩序而已。中國人受君主專制制度統治之苦，把王權至上，不能更換的反動思想強加在孔子「君臣」關係的頭上，對孔子是有失公允的。

孔孟高深的人生學問

　　中國人尊稱孔子為聖人，孟子為亞聖。古人說：「天不生仲尼，漫漫長如夜。」這就是說，如果中國不誕生一個孔夫子，我們仍然生活在野蠻黑暗的時代，永遠見不到光明。此等評價，就等於說，假如中國不出現孔夫子，中國就不成為中國，中國就不是四大文明的中國了。孔夫子是何等的偉大啊！聽說現在的執政當局，也很尊崇孔孟，在海外辦了很多孔子學院來宣揚儒家的學說。孔孟被中國人奉為至聖先師，不是說他們創造一套道德倫理就了得的，在這裡我想說說他們高深的人生智慧。

　　何謂「孔孟之道」？孔孟是何方神聖，或說有何等能耐，他們所說的道理竟讓中國人這樣代代相傳，尊為至聖先師崇拜他們幾千年？歷代很多儒者，將其視為安邦、治國、救民之道。歷代的統治者為了鞏固政權，亦將孔子的學說提昇到宗教的地位，稱之為「孔教」或說「儒教」，叫人民對孔子頂禮膜拜。實際上孔、孟是否是個說教者，專講些不吃人間煙火的大道理？不是的。他們那套高深、神妙的為人處世智能，你深加體會，也不得不贊嘆折服。

　　孔子有一個人生自述：「吾十有五而志於學，三十而立，四十而不惑，五十而知天命，六十而耳順，七十而從心所欲，不踰矩。」[1]按照孔子所說，他三十歲就知書識禮，立志做人了；而到四十歲就看透了這個人生世界，沒有什麼能夠困惑他了；到了五十歲，天命

---

[1]　《論語》，藍天出版社 2006 年 8 月第一版，第 20 頁。

如何運轉他都明瞭了；再到了六十歲，什麼話（正反兩方面的話）都聽得進去了；而到了七十歲更是了不得，心使神往，無所不通，而且沒有逾越規矩。這樣的人生，簡直是神仙了。我們可以想一想：你活到三十歲，有所立了嗎？假如你活到四十歲了，你敢說你一點困惑都沒有嗎？這個世界有太多的不可知不可預測性，今天不知明天會發生什麼事情，更不用說個人前途渺茫迷惑不清了，還有人際關係的複雜等等諸多問題，讓你總是在惶惑不安的困境下度日。而孔子既能做到不惑，沒有過人的智慧是做不到的。我們不要小看「不惑、知天命」五個字。這五字大有人生學問。《中庸》一書對此有解釋：「質諸鬼神而無疑，知天也；百世以俟聖人而不惑，知人也。」[2]這意思是說，連鬼神都難不倒他，沒有什麼可懷疑、困惑的，就是知道天命了；通悟千百年來的人類歷史和人性，就是知人了。「故君子之道，本諸身，徵諸庶民，考三王而不繆，建諸天地而不悖。」[3]這就是說，知己知彼，上至天文地理，下至九流三教，無所不知，無所不曉，夏、商、周三個朝代（幾千年的歷史，百世歷史）了然於胸，所做一切與天地神明並行不悖，暢達無阻。可見孔子的人生學問是多麼的高深。不僅要有高深的學識，而且有要有很高的悟性。

我們通觀《論語》與《孟子》兩書，他們所宣揚的仁義道德，是以「知禮、知人、知天命」來展開論述的。孔子說：「不知命，無以為君子也；不知禮，無以立也；不知言，無以知人也。」[4]孔子說的知人，看來就是知言。什麼是「知言」呢？孟子說：「何謂知言？曰：詖辭，知其所蔽；淫辭，知其所陷；邪辭，知其所離；遁辭，知其所窮。生於其心，害於其政，發於其政，害於其事，聖

2　《大學、中庸》，華語教學出版社，1996 年版，「三重章」，第 91 頁。
3　《大學、中庸》，華語教學出版社，1996 年版，「三重章」，第 91 頁。
4　《論語》，藍天出版社，2006 年 8 月第一版，第 397 頁。

人復起，必從吾言矣。」⁵這話意思是說，「聽到偏頗的話，我們就知道他的私慾在作怪（被私慾所蒙蔽）；聽到淫穢（不合禮節）的話，我們就知道此人陷於放蕩之中；聽到那些歪理邪說，就知道他背離正道了；聽到顧左右而言他的話，就知道他胸無定見（心中無物可以應對）。這四種毛病一旦在心中起意，就會危害到政治的施行；以此發號施令，則就敗壞到事情的根本了。古代的聖人若能復生，也一定以為我說的是對的。」孟子以辯言來講「知人」，用我們現代人的語言來講，就是辨別好人和壞人，辨別有道德的人和無道德的人。用孔子的說法，即辨識「君子和小人」的區別。固孔子有很多講君子和小人的論述：「君子坦蕩蕩，小人長戚戚」⁶、「君子求諸己，小人求諸人」、「君子病無能焉，不病人之不己知也」、「君子矜而不爭，群而不黨」⁷、「君子和而不同，小人同而不和」⁸等就是作「知人」之辯。叫我們要做君子，不要做小人。因為做君子對我們的人生好處很多，可以說做君子生活很順心恰意，心滿意足。而做小人就不同了，處處給自己帶來不便，而且給自己的內心帶來憂愁不安。孔子就是用這種通俗易懂的語言來說出做人的道理的。他說「不患人不己知，患不知人也」⁹，就是強調「知人」的重要性。

如果我們以為孔孟的「知人」之辯，就是辨別好人與壞人那麼簡單，那我們就太小看孔孟的人生學問了。孟子作知言之辯，是為了集義而生浩然之氣。有了浩然之氣，人就可以在人生的大風大浪中安然無恙。孟子說「我知言，我善養吾浩然之氣。」(《孟子·公

5　孟子：《孟子》，台灣智揚出版社，民國 76 年版，第 73 頁。

6　《論語》，藍天出版社，2006 年 8 月第一版，第 152 頁。

7　《論語》，藍天出版社，2006 年 8 月第一版，第 316、317、618 頁。

8　《論語·子路》，藍天出版社，2006 年 8 月第一版，第 260 頁。

9　《論語》，藍天出版社，2006 年 8 月第一版，第 15 頁。

孫丑上》）什麼是浩然之氣呢？孟子繼續答曰：「難言也，其為氣也，至大至剛，以直養而無害，則塞於天地之間，其為氣也，配義與道；無是，餒也。是集義所生者，非義襲而取之也。」[10]孟子雖然承認這個浩然之氣不好說，但是若果你有了它，你就會有強大的力量和剛毅的性格，此氣充塞於天地之間，此氣常於己身，就沒有什麼可以危害到你了。這種氣，就是義理與正道。我們作此解釋，或許對孟子這個「浩然之氣」還不夠理解，我們從孟子另一些說辭來看，更能理解這個「浩然之氣」。孟子在〈告子上〉一章有說：「此天之所與我者，先立乎其大者，則其小者不能奪也，此為大人而已矣。」[11]這就是說，大人要做大事業，要立下大的抱負，不要為我們在日常生活所遇到的一些雞毛蒜皮小事所困擾。在我們現代人生活中，有些人，不是沒有一點氣度嗎？別人說他兩句不中聽的話，就受不了啦，更不用說別人羞辱或怒罵他了，不是與人頂碰，就是徹底的反擊。這就與孟子所說相反，以小奪大了。以小奪大的人，往往是成事不足，敗事有餘。我們從蘇東坡對「大人」的神繪之筆，更能理解孟子這個「浩然之氣」：「夫天下有勇者，猝然臨之而不驚，無故加之而不怒，此其所挾持者甚大，其所志者甚遠也。」（蘇東坡：《留侯賦》）什麼是天下有勇者？死到臨頭都沒有一點恐慌，欲加之罪也不發怒，此等定力，一般常人是做不到的。我們現代人常說「這個人很有修養、很有定力、很有氣魄」的讚許話就是蘇東坡所描繪的「大人」，也是孟子說的有「浩然之氣」之人。如果我們由「知人」而提高我們的人生境界，使得我們在人生的艱難困苦中安然度過，這不是人生的大智慧嗎？西方人在災難臨頭時，祈求上帝保佑，也起到臨危不懼的作用。孔孟這個定力，與西方基

10　孟子：《孟子》，台灣智揚出版社，民國 83 年版，第 72 頁。
11　孟子：《孟子》，台灣智揚出版社，民國 76 年版，第 314 頁。

督教的神力不同，他竟靠一股「浩然之氣」來定奪乾坤。南宋文天祥作《正氣歌》，從容就義，其勇氣也是來自孔孟這種「仁義」正氣。即孟子所說的「浩然之氣」。

由「知人」之辯，再上昇到「知天命」，這個生命更神奇了。子貢說：「夫子之言性與天道，不可得而聞之也。」[12]前面我們已引用《中庸》的話說過，到了知天命的境界，就連鬼神也難不倒他了（「質諸鬼神而無疑」）。孔子說「不知命，無以為君子。」那麼，做到知天命，也就可以做君子了。而君子是何等境界呢？孟子說：「夫君子所過者化，所存者神，上下與天地同流。」[13]所經過的都化掉了，存下來的都很神奇，與天地宇宙一起運轉，暢達無阻，毫無淤塞。你說這個人生，是何等的輝煌，何等的偉大，何等的美妙！我們可以設想一下：一個人生，走過那麼多路，遇到過那麼多事，你能沒有一點恨，一點怨，一點遺憾，一點想不通的事情嗎？你真的一點心結都沒有？可孟子說所經過的都化掉了，在心中存下來的都是很神的東西。能做到這點，沒有高超的人生智慧，是辦不到的，更不用說再進一步，「上下與天地同流」了。

寫到這裡，我倒想起一個名人——李敖，他在香港鳳凰衛視做節目，吹牛說他上至天文地理，下至九流三教無所不知，無所不曉。如依孟子所說者，李敖頂多只是做到「知人」而已，他到處攻擊別人說明他有心結不能化解。他並沒有做到「知天命」的地步。所以他常老來瘋，說三道四，讓人惋惜。「夫君子所過者化，所存者神」，沒有很高的人生悟性功力，是辦不到的。正所謂「萬物皆備於我矣，反身而誠，樂莫大焉，彊恕而行，求仁莫近焉。」[14]這種境界，只有孔孟那套人生哲學能做到，因為孔孟的哲學是往內翻的。「反諸

---

[12] 《論語》，藍天出版社，2006 年 8 月第一版，第 87 頁。
[13] 孟子：《孟子》，台灣智揚出版社，民國 76 年版，第 357 頁。
[14] 孟子：《孟子》，台灣智揚出版社，民國 76 年版，第 350 頁。

求己」，他不斷往自己內心深處反省，抽象又抽象，把外界的物累和意累都去掉了。最後，他的內心就可包羅萬物，不為萬物騷擾所動，心安理得，快快樂樂，無所顧慮。這就是最幸福的人生了。為什麼說只有孔孟往內翻的哲學才能做到這個境界，而往外翻的哲學則不可能？你往外翻，只能是見物即物。外面有一物，你心中必然也有一物。你的「否定之否定」必然是往這件物轉，不可能轉到孟子「萬物皆備於我矣」的那個心性上。西方的現象學，它的「顯現——顯現」，也就是對事物追根溯源的方法論，它不可能是孔孟的心性論。德國哲學家海德格爾，法國哲學家薩特強調的存在都是外在的表現。薩特是「存在先於本質」。即你的本質是什麼？要由你的存在顯現來決定的。如果用通俗的道理來說的話，存在主義者處處要表現自己，有什麼就表現出什麼；而孔孟則是城府很深，不輕易表現出自己的內心世界。正如《論語・子張》記述叔孫武叔貶低孔子說的一段對話：「叔孫武叔語大夫於朝，曰：『子貢賢於仲尼。』子服景伯以告子貢。子貢曰：『譬之宮墻，賜之墻也及肩，窺見室家之好。夫子之墻數仞，不得其門而入，不見宗廟之美，百官之富。得其門者或寡矣。夫子之云，不亦宜乎！』」[15]叔孫武叔那樣只看外表的人，是無法窺見到孔子城府裡面有什麼好東西的。孔孟那套往內翻的修心養性哲學，他最高可以做到出神入化、隨心所欲，不逾矩的境界。

前面我們引出孔子的人生自述，來說孔子人生哲理的高深學問。下面我們引用孟子的一段話，來看孟子的人生與孔子的人生相益得輝：

> 浩生不害問曰：「樂正子，何人也？」孟子曰：「善人也，信人也。」「何謂善？何謂信？」曰：「可欲之謂善，有諸己之

---

[15] 《論語》，藍天出版社，2006 年 8 月第一版，第 389 頁。

謂信，充實之為美，充實而有光輝之謂大，大而化之謂聖，
聖而不可知之之謂神。樂正子，二之中，四之下也。」[16]

　　孔子的人生自述，是以他的年齡遞進來說明他的不同人生境界
的。而孟子在此則是以他人來作比較說出人生的不同境界。他說出
人生共有六個層次，而樂正子只是做到「二之中」，只是「善、信」
兩項而已。而對於我們一般人來說，能夠做到有欲望的善和做諸事
有信譽那就不錯了，要上昇到「四之下」的「美、大、聖、神」的
層次，一層比一層難，更是高不可攀。人的欲望無止境，你能感到
「充實」嗎？你感到充實而美滿了，但這個「充實」能發出「光輝」
來照亮別人嗎？如果我們說孟子的「先立乎其大者」有「大人」的
胸懷，但能將大者化之就是聖人了。人不能說一味追求做大事、有
大的抱負就好。做大事，你要能消化得了，消化不了就壓死你。有
的人承受不了工作的壓力和家庭的困擾，精神就崩潰了，人就垮
了。故聖人能大而化之，如俗話說的「以四兩拔千斤」。能做到這
個「聖」的境界，已經是很難很難了。而孟子還要更進一步，做到
神奇莫測，深不可知。此，就謂之神人了。所謂的神人，就是「知
天命」了，也就是天人合一的境界了。

　　我們說一個民族文化的博大精深，具有強大的生命力，不單要
俱備人性從善講信義的道理，使一般民眾得到滿足；而且還要有更
高需求，使後來的智者有所追求，有所寄託。否則，人生遇到波折
或大災難時，生命就無所應對而沉淪毀滅。我們講孔孟之道的精華
之處，不是他們那些治國安邦的大道理，也不是那些忠君報國思
想，而是最人性的東西：即生命有所寄託、有所依靠、有所發揚光
大而不至於「倒懸」。孔子一步步的人生階段醒悟，令後來中華民

---

[16] 孟子：《孟子》，台灣智揚出版社，民國 76 年版，第 405 頁。

族的智者也無法跳出他的智圈，他「七十從心所欲，不逾矩」的境界，也是後儒諄諄以求的境界。這就是我們的「孔聖人」：低處能教化普羅大眾，高處能使智者有所開悟，其人生智慧，可說取之不盡，用之不歇。正如孟子所說的「取之左右逢其源」[17]。人生能有如此智慧，也可以說已達到聰明的頂點了。

　　大凡一種理論，一套人生哲學，它能夠歷久不衰，被人重覆使用。一是他的道德召感力，它有使人向善、做高尚人的人生智慧；二是它的圓滿性，他要使那些智者無法窮盡他的哲學。孔孟的道德形而上學觀就具備這樣的特點：他的知禮與知人，就有強大的道德召感力；他的盡性知天命，就使你無法打破他的境界。就是說，在你實踐你的人生理想或說人生抱負時，你都無法逃離他所說的人生道理。他把人性、人生的道理都說透了。這就是孔孟高深的人生智慧。也是華夏民族譽之為「至聖先師」的一個原因吧。

---

[17] 孟子：《孟子》，台灣智揚出版社，民國 76 年版，第 216 頁。

「井田制」具備奴隸社會的特徵嗎？

　　小時候上歷史課，老師說那中國古代的奴隸制社會挺嚇人的：那些奴隸一個個被鐐銬鎖住雙腳，在一塊塊劃為井字形的田地勞動，周圍有奴隸主和士兵看守著。課本上還備有圖畫，讓人看了那些奴隸生活真是慘不忍睹，中國奴隸社會黑暗之至極，至今我還印象深刻。

　　如今年紀大了，學歷也得到了一定的教養，翻開中國的歷史看看，竟發現用這個「井田制」來證明西周社會是奴隸制是一個天大的笑話，而且荒誕之極，毫無邏輯可言。據說這是郭沫若等中共御用文人創造出來的「證據」，在這裡我也只能佩服中共創造歷史的能力，簡直是「巧奪天工」。讓人不得不相信：沒有什麼東西，黨是不能編造出來的。

　　我們來看看「井田制」是怎麼一回事吧。東漢班固著的《漢書》，對「井田制」記述最詳細。《漢書・刑法志第三》是這樣記載「井田制」的：

　　自黃帝有逐鹿之戰以定火災，顓頊有共工之陳以定水害。唐虞之際，至治之極，猶流共工，放讙兜，竄三苗，殛鯀，然後天下服。夏有甘扈之誓，殷、周以兵定天下矣。天下既定，戢藏干戈，教以文德。而猶立司馬之官，設六軍之眾，因井田而制軍賦。地方一里為井，井十為通；通十為成，成方十里；成十為終，終十為同；同方百里，同十為封；封十為畿，

153

畿方千里。有稅有賦，稅以足食，賦以足兵。故四井為邑；
四邑為丘，丘，十六井也，有戎馬一匹，牛三頭。四丘為甸，
甸，六十四井也。有戎馬四匹，兵車一乘，牛十二頭，甲士
三人，卒七十二人，干戈備具，是謂乘馬之法。一同百里，
提封萬井，除山川沈斥，城池邑居，圍圃術路，三千六百井，
定出賦六千四百井，戎馬四百匹，兵車百乘，此卿大夫采地
之大者也，是謂百乘之家。一封三百一十六里，提封十萬井，
定出賦六萬四千井，戎馬四千匹，兵車千乘，此諸侯之大者
也，是謂千乘之國。天子畿方千里，提封百萬井，定出賦六
十四萬井，戎馬四萬匹。兵車萬乘，故稱萬乘之主。戎馬、
車徒、干戈素具，春振旅以搜，夏拔舍以苗，秋治兵以獮，
冬大閱以狩。皆於農隙以講事焉。五國為屬，屬有長；十國
為連，連有帥；三十國為卒，卒有正；二百一十國為州，州
有牧。連帥比年簡車，卒正三年簡徒，群牧五載大簡車、徒。
此先王為國立武足兵之大略也。[1]

從班固的記述我們可以看出，這個「井田」是一個計算單位，
即我們現在說的平方或畝數之類。一井，即一平方里的耕地面積。
因井田的多少來繳納軍賦（養活軍隊的錢糧）。所謂的「井、通、
成、終、同」都是計算單位。一同就是一百平方里。西周以「井」
為土地基數單位，然後以此建立軍政機構：四井為一個邑；四邑為
一個丘；一個丘就是十六井。這個丘，相當於我們現在的警察派出
所。可能是當時軍警最小的單位，只有一匹戰馬，三頭牛的裝備。
比丘大的單位就是甸，四丘為一甸。一甸就有六十四井（以一井一
平方里算，一甸就是六十四平方里的土地管轄權。）這個「甸」，

---

[1] 班固：《漢書》，中州古籍出版社，1996 年 10 月第一版，444 頁。

相當於現在的一個警察局了。其裝備是比較齊全的：有戰馬四匹，兵車一輛，十二頭牛，軍官三人，士兵七十二人，各種干戈武器都具備。《論語》、《孟子》、《國語》等書，常有「百乘之家」、「千乘之國」之類文字，從班固記述這個「井田制」我們知道了。百乘之家，就是有「三千六百井」的耕地、兵車一百輛的卿大夫之家；而「千乘之國」就屬於諸侯之類，他擁有「提封萬井」的耕地（三百一十六平方里），兵車有上千輛。而萬乘之主就是天子了，他擁有百萬井的耕地。

我們從班固對「井田制」的記述中看出，井，只是耕地面積的一個單位，或說賦稅的一個單位，並沒有說每一塊土地都劃為一個井字形，強迫人們在這個井字形的田地勞動。中共教科書不知從何得出「井田制」具備奴隸社會的特徵，如此描寫得繪聲繪色？把孔子視為最美好的西周封建社會誣蔑為萬惡的「奴隸制」社會，實在讓人啼笑皆非。

關於這個「井田制」，在《孟子》一書也有說明。滕文公使畢戰來問孟子「井田制」是怎麼一回事？孟子答曰：「夫仁政，必自經界始，經界不正，井地不均，穀祿不平。是故暴君污吏必慢其經界。經界既正，分田制祿，可坐而定也。」原來這個「井田制」是用來劃定經濟範圍的度量衡，是行仁政的一個措施。孟子解釋何為「井」？他說：「方里而井，井九百畝，其中公田，八家皆私百畝，同養公田。公事畢，然後敢治私事，所以別野人也。此其大略也。」[2]原來一塊井田有九百畝，有一百畝屬於公田，由八家人耕種，每家人有一百畝私田。這八家人要一起先耕作好那一百畝公田，然後才耕作自己的那一百畝私田。那一百畝公田所產的糧食，是作為上交給政府養活軍政官員的。那一百畝私田所得的糧食，就

---

[2] 孟子：《孟子》，台灣智揚出版社，民國83年版，127－128頁。

是自己一家所用。為什麼不按照你一家耕作多少田地來作稅收，而是定出一百畝公田來作八家一起耕種呢？這裡孟子就說出了井田制的好處。孟子說，如果按耕作畝數作稅收，遇到災年，收成不好，你農民還得按照那麼多稅上交，這樣農民就沒有糧食吃，會餓死或逃荒；遇到豐收年，糧食就多了，按稅收的話，政府的糧食多得不得了，吃不完就讓它腐爛到處丟，浪費很大。政府設置這個井田，八家人一起耕種，可以互相幫助，從中教育野人（農民）懂得什麼叫義務。而且這樣做，政府的收成和農民的收成是很平均的，災年，大家的收入都減少；豐年，大家的收入都提高。孟子稱此為「助法」。他還借此批評「稅法」的不當。[3]如果我們以現代社會的眼光來看，這個「井田制」對農民真是太好了，周王朝可說是太仁慈了。那有一點奴隸制的形式？一個井田九百畝，八家人每家就有一百畝私田，而一百畝公田由八家人耕種。就是說，每家耕種田地一百一十多畝，只上交十畝多一點的糧食給官府，而一百畝的糧食都是屬於自己家所得。你可以想想，農民得的是大頭，而官府得的是小頭，這樣的政府，你如何想像出他奴隸人民呢？

原來這個「井田制」，是西周先王想出一個讓人民安居樂業的農業制度。軍政官員有俸祿吃，農民也可以樂意種田。這個「井田制」，在當時的封建農業社會時代，是一個很先進的制度，設計得非常圓滿。孟子說：「死徒無出鄉，鄉田同井，出入相友，守望相助，疾病相扶持，則百姓親睦。」[4]可見西周這個經濟政策對農民是多麼好，「野人」（農民）直到老死都不願離開自己的土地。這個「井田」，那有一點奴隸社會的影子？

---

[3] 孟子：《孟子》，台灣智揚出版社，民國 83 年版，127－128 頁。
[4] 孟子：《孟子》，台灣智揚出版社，民國 83 年版，127－128 頁。

　　最近有人提出中國歷史是否出現過奴隸社會的問題，在中文網路上還引起討論。有人誓言旦旦地說西周就是奴隸社會。如果我們認真地讀一讀《尚書》、《國語》、《論語》、《孟子》以及《史記》等古籍對西周社會的記載，即使以馬克思對奴隸制的定義為準繩，也很難找到西周社會有奴隸制的特徵。周武王殺紂滅了殷商以後，還封紂的兒子綠父去做諸侯國王。這種寬恕敵人後代的胸懷，你說這是周武王為了籠絡殷商遺民所做的一個措施也好，說是周武王的一個陰謀計劃也好，但周武王沒有像羅馬帝國那樣將戰俘作為奴隸鎖著趕他們在田地勞動。至今很難找到史料證明周朝將戰俘作為奴隸。從《尚書》記載成王、周公他們的作為，看不出他們有那點奴隸主的身份。我們就退一步來說，認定《尚書》是歌頌統治者的書，沒有記載他們如何奴隸人民的事。但我們就從孔子身上，也可以證明西周社會不是奴隸社會。

　　孔子身處春秋時期，是個戰亂的社會，用孔子的話說，是個「禮崩樂壞」的社會。孔子一心要「克己復禮」，就是要恢復西周的美好社會制度。西周如何美好，我們就不說了，就說孔子所處那個動亂時代。那個時代那麼差，那麼不好，孔子出生在窮苦人家，還有書讀，還可以做官，後來又可以自由出國旅遊（周遊列國，我猜當時孔子出國根本就不需要護照），再後來又可以私自開學堂講學，宣傳他的仁禮道德。我們可以想想，孔子認為他那個「禮崩樂壞」的時代還那麼美好，還可讓人過正常自由的生活，那他所憧憬、所想要恢復的西周社會是多麼美好就可想而知了。孔子所處那麼差、那麼壞的社會都沒有奴隸出現過，怎麼比孔子所處時代還要好的西周社會則變為奴隸社會了呢？假若那舊社會——西周，是奴隸制社會，用鐐銬著人在井田勞動，奴隸主任意砍殺奴隸，毫無人道，孔子還想夢見周公，克己復禮嗎？就是到了戰國時代，以周王朝的國運來說，那可是一代不如一代了：中國四分五裂，戰火紛飛，是一

個動亂不安的年代，而那時還出現過百家爭鳴、百花齊放的文化昂進之時期。可想而知先期的西周社會是多麼和諧、大同了。有人說，孔子是沒落奴隸主的代表，他當然替西周的奴隸社會說好話。如果我們用正常的邏輯來思考的話，孔子不可能做奴隸主的代表。他出身寒微，屬於窮苦人家。若有奴隸主，那他就是被專政的對象，是被壓迫的階級，他怎麼會做他們的代表，說他們的好話呢？孔子雖然做過一陣子官，但他也是那個制度的受害者（被革職，沒有官當），他怎麼會做奴隸主的代表呢？

中國大陸的御用文人，以馬克思辦證歷史唯物主義為準繩（馬克思把人類社會的發展分為：原始社會→奴隸社會→封建社會→資本主義社會→社會主義再到共產主義社會），把中國歷史的夏、商、周定為奴隸社會，他們要找一個馬克思定義的奴隸社會特徵，因井田制有一個公田，大家耕種，就是所謂的集體勞動。加上孟子的「無君子，莫治野人；無野人，莫養君子。」[5]加上他們認定秦朝是封建社會，比周朝進步。而秦孝公用商鞅「壞井田，開阡陌」[6]的政治措施，就認定這個「井田制」具備奴隸社會的特徵，西周是奴隸社會就這樣被創造出來了。實際上，此集體勞動不是彼羅馬奴隸制的集體勞動。西周井田的農民是自由人，孟子稱為「野人」。野人者，無約束之人也。奴隸是沒有人身自由的，根本稱不上「野人」的身份。況且西周的野人還有自己的私產──一百畝的私田，擁有自己的生產資料，不受統治者的剝削。這個西周的奴隸制社會能成立嗎？

可以說，中國大陸的歷史教科書對於「井田」的種種誣衊，是對中國歷史的任意閹割。正如他們誣衊民國政府為「萬惡的舊社會」

5　孟子：《孟子》，台灣智揚出版社，民國 83 年版，127－128 頁。
6　班固：《漢書》，中州古籍出版社，1996 年 10 月第一版，453 頁。

一樣，說國民政府蔣介石如何壞，如何獨裁，沒有自由等等，有人站出來說，假如魯迅生在當今共產黨統治年代，他寫那些罵政府的文章，還沒有得到在報刊與讀者見面，早就被共產黨槍斃或坐大牢了。這種對比說法，盡管不能概括整個民國社會的風貌，但有一點可以證明，它比現代共產黨政權的自由度要大一些，人權保障要好一些，這是毋庸置疑的。同樣道理，孔子夢想復辟周公時代，那周公時代肯定要比孔子所處的時代美好些。以此類推，西周的「奴隸社會」就是天方夜譚了。

我們今天要講宣揚孔孟的仁義道德，繼承孔孟之道。就不能不對「井田制」作個平反。從社會意識形態來說，如果說西周適合馬克思定義的奴隸制社會，那孔孟之道就得倒轉來說了。而且倒轉也說不通，如上面說的，孔子何以要夢見周公？何以要「克己復禮為仁」？這個「仁義禮智信」是什麼性質？統統都不能成立。這個文明的孔孟之道，不可能在野蠻的奴隸制社會下產生出來。一個大的歷史環境你都沒有糾正過來，在這個「奴隸制社會」的背景下來闡述孔孟之道文化，如何說得通？有感於此，特作此文做個考證，以還「井田制」的面目。

參考書目

康德:《純粹理性批判》,華中師範出版社出版,韋卓民譯,2000 年 7 月
　　第 2 版。

康德:《判斷力批判》,人民出版社出版,鄧曉芒譯,2002 年 12 月第 2 版。

康德:《實踐理性批判》,九州出版社出版,張永奇譯,2007 年 1 月第 1 版。

文德爾班:《西洋哲學史》,台灣商務印書館出版,羅達仁譯,1998 年 8
　　月第 1 版。

叔本華:《作為意志和表象的世界》,青海人民出版社出版,石沖白譯,1996
　　年 9 月第 1 版。

黑格爾:《小邏輯》,商務印書館出版,賀麟譯,1980 年 7 月第 2 版。

胡塞爾:《第一哲學》,商務印書館出版,王炳文譯,2006 年 6 月第 1 版。

《胡塞爾思想的發展》,台灣仰哲出版社出版,泰奧多。德。布爾著,李
　　河譯。民國 83 年 4 月出版。

馮友蘭:《中國哲學簡史》,北京大學出版社出版,1985 年 2 月第 1 版。

《牟宗三集》,群言出版社出版,1993 年 12 月第 1 版。

《熊十力集》,群言出版社出版,1993 年 12 月第 1 版。

《梁漱溟集》,群言出版社出版,1993 年 12 月第 1 版。

金岳霖:《知識論》,商務印書館出版,1996 年 6 月北京第 2 次印刷。

老子:《道德經》,安徽人民出版社出版,陳國慶,張養年注譯。2001 年
　　10 月第 1 版。

《老子道德經河上公章句》,中華書局出版,1993 年 8 月第 1 版。

《道德經的智慧》,丹明子編譯,內蒙古大學出版社出版,2004 年 10 月
　　第 1 版。

《論語》,藍天出版社出版,2006 年 8 月第 1 版。

《論語孟子選註》,柯樹屏、萬驪編著,正中書局印行,民國 55 年 2 月
　　初版。

王陽明：《傳習錄》，中州古籍出版社出版，於自力、孔徽、楊驊驍注譯，2004 年 1 月第 1 版。

楊國榮：《王學通論──從王陽明到熊十力》，華東師範出版社出版，2003 年 9 月第 1 版。

司馬云杰：《大道運行論》，山東人民出版社出版，1992 年 1 月第 1 版。

《大學、中庸》，華語教學出版社出版，1996 年第 1 版。

《莊子正宗》，馬恒君譯著，華夏出版社出版，2005 年 1 月北京第 1 版。

《周易正宗》，馬恒君譯著，華夏出版社出版，2005 年 1 月北京第 1 版。

《孟子》，台灣智揚出版社出版，民國 83 年版。

賴永海：《中國佛教與哲學》，宗教文化出版社出版，2004 年 8 月第 1 版。

張東蓀：《理性與良知》，上海遠東出版社出版，1995 年 6 月第 1 版。

梁啟超：《中國近三百年學術史》，北京中國書店出版，1985 年 3 月第 1 版。

杜維明：《現代精神與儒家傳統》，聯經出版社出版，1997 年 5 月初版第 5 刷。

《聖經》新舊約全書和合本，無出版社名稱。

《儒學與社會現代化》，廣東教育出版社，2004 年 10 月第一版。

墨子：《墨子》，中國紡織出版社，2007 年 7 月第一版。

程顥、程頤：《二程集》（上下二冊），中華書局出版。

左丘明：《國語》，中華書局，2007 年 12 月第一版。

朱熹：《四書章句集注》，中華書局出版，1983 年 10 月第一版。

胡適：《中國哲學史大綱》，上海古籍出版社。1997 年 12 月第一版。

荀子：《荀子》，中國紡織出版社。2007 年 4 月第一版。

司馬光：《資治通鑒》，北京出版社，2006 年 7 月第一版。

林觥順：《禮記我讀》，九州出版社，2006 年 1 月第一版。

余英時：《中國思想傳統現代詮釋》，台灣聯經出版社民國 76 年 3 月初版。

郭仁成：《尚書──今古文全璧》，岳麓書社。2006 年 3 月第一版。

司馬遷：《史記》（上、中、下三冊），中華書局，2005 年 3 月第一版。

班固：《漢書》，中州古籍出版社，1996 年 10 月第一版。

哲學宗教類　PA0042

孔孟之道判釋

作　　者 / 黃鶴昇
責任編輯 / 林泰宏
圖文排版 / 鄭佳雯
封面設計 / 王嵩賀

發 行 人 / 宋政坤
法律顧問 / 毛國樑　律師
印製出版 / 秀威資訊科技股份有限公司
　　　　　114 台北市內湖區瑞光路 76 巷 65 號 1 樓
　　　　　電話：+886-2-2796-3638　傳真：+886-2-2796-1377
　　　　　http://www.showwe.com.tw
劃撥帳號 / 19563868　戶名：秀威資訊科技股份有限公司
　　　　　讀者服務信箱：service@showwe.com.tw
展售門市 / 國家書店（松江門市）
　　　　　104 台北市中山區松江路 209 號 1 樓
　　　　　電話：+886-2-2518-0207　傳真：+886-2-2518-0778
網路訂購 / 秀威網路書店：http://www.bodbooks.com.tw
　　　　　國家網路書店：http://www.govbooks.com.tw
圖書經銷 / 紅螞蟻圖書有限公司
　　　　　114 台北市內湖區舊宗路二段 121 巷 28、32 號 4 樓
　　　　　電話：+886-2-2795-3656　傳真：+886-2-2795-4100

2011 年 5 月 BOD 一版
定價：200 元
版權所有　翻印必究
本書如有缺頁、破損或裝訂錯誤，請寄回更換

國家圖書館出版品預行編目

孔孟之道判釋 / 黃鶴昇著.-- 一版. -- 臺北市 ：秀威資訊
　科技, 2011.05
　　　面 ； 　公分. -- (哲學宗教類 ；PA0042)
BOD 版
ISBN 978-986-221-732-0(平裝)

1. 孔孟思想　　2. 儒家

121.2　　　　　　　　　　　　　　　　100004973

讀者回函卡

感謝您購買本書，為提升服務品質，請填妥以下資料，將讀者回函卡直接寄回或傳真本公司，收到您的寶貴意見後，我們會收藏記錄及檢討，謝謝！如您需要了解本公司最新出版書目、購書優惠或企劃活動，歡迎您上網查詢或下載相關資料：http:// www.showwe.com.tw

您購買的書名：_____

出生日期：_____年_____月_____日

學歷：□高中 (含) 以下　　□大專　　□研究所 (含) 以上

職業：□製造業　□金融業　□資訊業　□軍警　□傳播業　□自由業
　　　□服務業　□公務員　□教職　　□學生　□家管　　□其它_____

購書地點：□網路書店　□實體書店　□書展　□郵購　□贈閱　□其他

您從何得知本書的消息？

　□網路書店　□實體書店　□網路搜尋　□電子報　□書訊　□雜誌
　□傳播媒體　□親友推薦　□網站推薦　□部落格　□其他_____

您對本書的評價：（請填代號　1.非常滿意　2.滿意　3.尚可　4.再改進）

　封面設計____　版面編排____　內容____　文／譯筆____　價格____

讀完書後您覺得：

　□很有收穫　□有收穫　□收穫不多　□沒收穫

對我們的建議：_____

_____

_____

_____

11466
台北市內湖區瑞光路 76 巷 65 號 1 樓

秀威資訊科技股份有限公司　　　收

BOD 數位出版事業部

....

（請沿線對折寄回，謝謝！）

姓　　名：＿＿＿＿＿＿＿＿＿　年齡：＿＿＿＿　性別：□女　□男

郵遞區號：□□□□□

地　　址：＿＿＿＿＿＿＿＿＿＿＿＿＿＿＿＿＿＿＿＿＿

聯絡電話：(日) ＿＿＿＿＿＿＿＿＿　(夜) ＿＿＿＿＿＿＿＿＿

E-mail：＿＿＿＿＿＿＿＿＿＿＿＿＿＿＿＿＿＿＿＿＿